Hermann Funk   Michael Koenig

Grammatik lehren und lernen

Fernstudieneinheit 1

Fernstudienprojekt
zur Fort- und Weiterbildung
im Bereich Germanistik
und Deutsch als Fremdsprache

Teilbereich Deutsch als Fremdsprache

Kassel · München · Tübingen

LANGENSCHEIDT

Berlin · München · Wien · Zürich · New York

Fernstudienprojekt des DIFF, der GhK und des GI
allgemeiner Herausgeber: Prof. Dr. Gerhard Neuner

Herausgeber dieser Fernstudieneinheit:
Uwe Lehners, Peter Panes, Goethe-Institut München

Im Fernstudienprojekt "Deutsch als Fremdsprache und Germanistik" arbeiten das
Deutsche Institut für Fernstudien an der Universität Tübingen (DIFF), die Universität
Gesamthochschule Kassel (GhK) und das Goethe-Institut München (GI) unter Betei-
ligung des Deutschen Akademischen Austauschdienstes (DAAD) und der Zentralstelle
für das Auslandsschulwesen (ZfA) zusammen.

Das Projekt wird vom Bundesminister für Bildung und Wissenschaft (BMBW) und dem
Auswärtigen Amt (AA) gefördert.

 Dieses Symbol bedeutet "Verweis auf andere Fernstudieneinheiten"

Druck: 9. 8. 7. 6.   Letzte Zahlen
        03 02 01   maßgeblich

Satz und Gestaltung (DTP): Uli Olschewski
Druck: Druckhaus Langenscheidt, Berlin
Printed in Germany: ISBN 3-468-**49679**-6

Angaben zu den Autoren

Michael Koenig, Jg. 1949, Wissenschaftlicher Mitarbeiter im Fachbereich Germanistik (Fachgebiet Deutsch als Fremdsprache, Deutsch als Zweitsprache) der Gesamthochschule Kassel. Studium der Anglistik und Gesellschaftswissenschaften/Politik an der Gesamthochschule Kassel. Assistenzlehrer in Newcastle, England. Referendariat Gesellschaftslehre und Englisch für das Lehramt an Gymnasien in Kassel. Sprachlehrer in studienvorbereitenden Sprachkursen. Lehrtätigkeit in den DaF-Studiengängen der GhK und in der Lehrerfortbildung. Lehrwerkautor. Forschungsschwerpunkte: Kreative Übungsgestaltung im Sprachunterricht. Spracharbeit mit Fortgeschrittenen.

Hermann Funk, Jg.1953, Wissenschaftlicher Mitarbeiter im Fachbereich Germanistik (Fachgebiet Deutsch als Fremdsprache, Deutsch als Zweitsprache) der Gesamthochschule Kassel. Studium der Anglistik und Gesellschaftswissenschaften/Geschichte an der Gesamthochschule Kassel und am Lakeland College, Wis. USA. Referendariat Geschichte und Englisch für das Lehramt an Gymnasien in Eschwege. Lehrer für Deutsch und Politik in Beruflichen Schulen. Promotionsstipendium der Friedrich-Ebert-Stiftung. Leitung eines Forschungsprojektes zur Fachsprachendidaktik des Bundesbildungsministeriums 1986/87. Lehrtätigkeit in den DaF-Studiengängen der GhK. Lehrwerkautor. Forschungsschwerpunkte und Veröffentlichungen zu: Fachsprachendidaktik, Materialentwicklung, Grammatik im DaF-Unterricht.

Inhalt

Die Lerner sollen visuelle Elemente im Grammatikunterricht nicht nur anschauen, sondern auch selbst benutzen. Wir zeigen Ihnen ein paar Beispiele und machen einen einfachen Vorschlag für den Unterricht.

In diesem Abschnitt möchten wir Ihnen demonstrieren: Spielerisch üben heißt effektiver üben. Sie finden hier einige Spielprinzipien, die im Unterricht vielfach abgewandelt werden können.

Regeln, die man selbst findet, behält man besser. Wir möchten Sie anregen, nachzudenken, wie man Schüler beim Finden einer Regel unterstützen kann.

Sie finden hier einige Gedanken über den Nutzen von Nachschlagewerken und Vorschläge für die Arbeit mit Grammatiken im Unterricht.

In diesem Kapitel wollen wir Ihnen abschließend einige Arbeitsschritte vorschlagen, die eine Übertragung von Ergebnissen der Studieneinheit auf Ihren Deutschunterricht erleichtern sollen.

Hier haben wir nur Titel aufgenommen und kurz vorgestellt, die wir im Text erwähnen und die entweder nützlich für die Unterrichtspraxis sind oder wichtige Grundlagen liefern.

*Dieses Kapitel müssen Sie eigentlich gar nicht lesen. Für viele Aufgaben in der Studieneinheit gibt es keine Musterlösung. Hier müssen Sie **Ihre** Lösung finden.*

Hier finden Sie allgemeine Informationen zum Fernstudienprojekt.

1 Einleitung

1.1 Vorwort der Autoren

Das Thema "Grammatik und Fremdsprachenunterricht" ist ein "Evergreen" der Fremdsprachendidaktik, d.h., es ist kein "Hit", kein Modethema, aber im Alltag des Fremdsprachenlehrers ist das Thema immer präsent.

Gegenstand der Studieneinheit

In dieser Studieneinheit geht es nicht um die Darstellung theoretischer Modelle, es geht um Unterricht. In Ihrem Deutschunterricht haben Sie (unter anderem) mit Grammatik zu tun. Sie führen Strukturen ein, geben Muster, erklären und korrigieren, empfehlen und verwenden Nachschlagewerke usw... Für die meisten Fremdsprachenlehrer - für uns auch - gehört das zum "täglichen Brot", zum Unterrichtsalltag. Jeder Fremdsprachenlehrer hat sich schon irgendwann einmal gefragt: "Stimmt das, was ich jetzt erklärt habe? Gibt es Ausnahmen? Müssen die Schüler diese Regel wirklich kennen? Sie machen es sowieso wieder falsch! Wieso haben die Schüler das jetzt nicht verstanden?" Und: "Gibt es einen einfacheren Weg, diese Regel zu erklären? Wo finde ich mehr Übungen dazu?" Soweit diese Fragen überhaupt allgemein beantwortbar sind, sollen sie Gegenstand dieser Studieneinheit sein.

Beobachtung 1

In einem Seminar zur Grammatikdidaktik haben wir die Teilnehmer - deutsche und ausländische Studierende und Lehrer - gebeten, (unvorbereitet) das System der Adjektivendungen im Deutschen komplett an der Tafel darzustellen. Die deutschen Seminarteilnehmer hatten dabei große Mühe und mußten erst eine Weile nach Beispielen suchen, ehe sie die Deklinationstabelle an die Tafel schreiben konnten. Die ausländischen Seminarteilnehmer gaben ihnen aber immer wieder Hilfen und konnten mühelos die Adjektivdeklinationsreihe (*heißer Kaffee*, *heißen Kaffees*, *heißem Kaffee*, etc.) auch ohne Beispiele aus dem Kopf aufsagen.

In der gleichen Seminarsitzung machten aber einige der ausländischen Teilnehmer, die mit dem System keine Mühe gehabt hatten, eine Reihe von Fehlern beim Gebrauch der Adjektivendungen.

Können Sie das erklären? Haben Sie selbst vielleicht schon ähnliche Erfahrungen gemacht?

Die deutschen Seminarteilnehmer hatten natürlich keine Probleme beim Gebrauch der Endungen. Sie hatten aber noch nie bewußt das komplette System vor Augen gehabt. Die ausländischen Seminarteilnehmer hatten das System sehr oft gesehen und in grammatischen Einsetzübungen reproduziert. Das Beispiel zeigt, daß das Aufsagen einer grammatischen Regel und das korrekte Reproduzieren der Regel in Grammatikübungen auf der einen Seite und das richtige Anwenden der Regel im Gespräch offensichtlich völlig verschiedene Fertigkeiten sind. Wenn Grammatikkompetenz nicht gleichzusetzen ist mit fremdsprachlicher Kompetenz allgemein, welchen Stellenwert hat sie dann im Fremdsprachenunterricht?

Beobachtung 2

In einem anderen Seminar, ebenfalls mit deutschen und ausländischen Deutschlehrern, baten wir die Teilnehmer, ein Beispiel für eine "Einordnungsergänzung" (*Deutsch aktiv* 1986, 72) zu nennen. Langes Schweigen. Verlegenes Lächeln. Niemand kannte die Bezeichnung. Als wir das Beispiel (*Das ist ein Wörterbuch.*) vorlasen, meinte ein ausländischer Teilnehmer, das sei ein "Gleichsetzungsnominativ". Ein anderer sagte: "Das ist nicht wichtig. Das ist sowieso alles klar." Als wir die Teilnehmer später nach ihren Überlegungen und Gefühlen in der "Schweigephase" fragten, sagten mehrere, daß sie sich sehr unwohl gefühlt und an ihren schulischen Grammatikunterricht gedacht hätten. Viele Seminarteilnehmer hatten ein "schlechtes Gewissen" und dachten: "Man erwartet von mir, daß ich den Begriff kenne, aber ich kann mich nicht daran erinnern." Nur e i n Seminarteilnehmer hielt den Begriff für unwichtig.

Wie hätten Sie auf die Frage nach der "Einordnungsergänzung" reagiert? Welches allgemeine Gefühl hat der schulische Grammatikunterricht bei den Befragten offensichtlich hinterlassen?

Auswertung

Viele Lerner haben ihren schulischen Grammatikunterricht in keiner besonders angenehmen Erinnerung. Dafür gibt es viele Gründe. Zum einen war der Grammatikunterricht meist ziemlich formal und uninteressant. Regeln wurden gelernt und getestet. Grammatikkenntnisse sind eben leichter zu testen als Sprech- und Lesefertigkeiten und auch deshalb sehr populär als Thema von Klassenarbeiten. Niemand fühlt sich besonders wohl, wenn er getestet wird. Wenn man etwas nicht kann, dann hat das negative Konsequenzen: Schlechte Noten, Ärger mit dem Lehrer und mit den Eltern. Die Grammatik der fremden und der eigenen Sprache war und ist im Schulunterricht immer mehr als ein Unterrichtsthema unter vielen: Sie ist ein Selektionsinstrument, das oft darüber entscheidet, in welcher Schulform und Klasse jemand ist. Für die meisten Fremdsprachenlerner war die Fremdsprache in der Schule neben der Muttersprache ein Hauptfach, ein Fach also, an dem der Schulerfolg besonders gemessen wurde. Das alles hat mit Sprachunterricht eigentlich nichts zu tun, trägt aber zum "Image" von Grammatik bei: Sie ist immer schwer; sie ist wichtiger als alles andere im Sprachunterricht; wer sie nicht beherrscht, bekommt Ärger.

Die zweite Beobachtung wirft darüber hinaus die grundsätzliche Frage nach dem Nutzen von grammatischen Begriffen überhaupt auf: Muß man eine Struktur nicht nur richtig verwenden, sondern auch richtig bezeichnen und erklären können? Sind die grammatischen Vokabeln Lernstoff so wie die anderen Vokabeln auch?

Beobachtung 3

Wenn Schüler einen Geographielehrer mit den Fragen konfrontieren: "Wo liegt eigentlich Arensburg?" oder: "Wieviel Einwohner hat Jakarta?", so wird er vermutlich sagen: "Das muß ich erst nachschlagen, das weiß ich nicht", ohne daß Lehrer oder Schüler dies als Schande empfinden würden. Wozu gibt es schließlich einen Atlas! Von Deutschlehrern, die natürlich auch nicht auf jede Schülerfrage nach Grammatik und Orthographie sofort eine Antwort wissen, hört man einen so offenen Satz seltener. Keine Antwort zu wissen würde von vielen Lehrern und Schülern als peinlich empfunden. Die Lehrer würden eher versuchen abzulenken.

Haben Sie auch schon ähnliche Beobachtungen gemacht, oder haben Sie andere Erfahrungen? Lernt man Geographie anders als Grammatik, oder wie sind die unterschiedlichen Reaktionen der Lehrer zu erklären?

Die drei Beobachtungen verweisen auf drei Alltagsprobleme mit der Grammatik im Fremdsprachenunterricht:

1. Das Nebeneinander von Bezeichnungen aus unterschiedlichen linguistischen Beschreibungsmodellen für die gleiche "Sache" (Beispiel: Subjekt / Nominativergänzung / Subjektergänzung), das verwirrend für Lehrer und Lerner sein kann.

2. Die "Auslesefunktion" von Grammatik in der Schule, die oft negative Erinnerungen bei Lernern und Lehrern an Grammatikunterricht hinterläßt.

3. Die Frage, welche Regeln man eigentlich auswählen soll und wie man sie vermitteln kann.

Was finden Sie in dieser Studieneinheit zu diesen und zu anderen Praxisproblemen?

Überblick

Über die Bedeutung der Vermittlung von grammatischen Regeln im Fremdsprachenunterricht haben unterschiedliche Richtungen der fremdsprachendidaktischen Forschung sehr unterschiedliche, oft extreme Aussagen getroffen und Empfehlungen gegeben. Ein Sprachunterricht ohne jede Erklärung zum Sprachsystem ist sicher nicht effektiv. Ein Sprachunterricht, der einfach Grammatikunterricht ist, wäre aber auch nicht ausreichend. Die Suche nach Tips und Hilfen für einen Sprachunterricht, der grammatische Erklärungen als Hilfe und nicht als Selbstzweck anbietet, beginnt zwischen diesen Extremen.

Da diese "Extrempositionen" (das heißt ein "Sprachunterricht ohne Grammatikregeln" und "Sprachunterricht als reiner Grammatikunterricht") sich aber in Lehrbüchern wiederfinden, sollen sie im Verlauf dieser Studieneinheit kurz dargestellt werden. Auf diese Weise soll Ihnen die Einschätzung von neuen und bekannten Lehrbüchern für Ihren Unterricht erleichtert werden.

Bei der Besprechung von grammatischen Regeln stützen sich Lehrer und Schüler mehr als in jeder anderen Unterrichtsphase auf das Lehrbuch. Die inhaltliche und visuelle *Darstellung von Grammatikregeln* in Lehrwerken soll aus diesem Grund auch das wichtigste Thema in dieser Studieneinheit sein.

Ein weiteres Thema der Studieneinheit sind die *Übungen* zum Sprachsystem, die Grammatikübungen. Für den Alltag von Fremdsprachenlehrer(inne)n und -schüler(inne)n sind sie sicher das wichtigste Thema überhaupt. Inhalt, Umfang und Qualität der Übungen entscheiden letztlich darüber, wie korrekt und gründlich eine Struktur gelernt, behalten und angewendet wird. Hier sollen Vorschläge für einen bewußteren und kreativeren Umgang mit Übungen in eingeführten Lehrwerken gegeben werden und Hinweise darauf, wie von Lehrer(inne)n und Lerner(innen)n selbst Übungen entwickelt und erweitert werden können. Der Schwerpunkt liegt dabei auf abwechslungsreichen Übungsformen zur Grammatik, die in vielen Lehrwerken vernachlässigt werden (Abschnitt 4).

Ein anderer Abschnitt der Studieneinheit behandelt die Themen *Terminologie* und *Progression*, das heißt die Abfolge der einzelnen Regeln im Lehrwerk. Unterschiedliche Bezeichnungssysteme haben seit Mitte der 70er Jahre einerseits eine genauere Beschreibung von Sprachen ermöglicht, andererseits haben sie in Lehrwerken auch Verwirrung und neue Lernprobleme geschaffen (siehe Beobachtung 2). Welche und wie viele Bezeichnungen für den Unterricht notwendig sind, soll in der Studieneinheit diskutiert werden.

Unter dem Stichwort "Schüler finden Regeln" sollen an Unterrichtsbeispielen einige Verfahren vorgestellt werden, mit deren Hilfe die Schüler eine aktivere Rolle bei der Einführung und Erklärung einer neuen Struktur erhalten.

Die Auswahl der *Literaturangaben* zum Abschluß der Studieneinheit berücksichtigt, daß Aufsätze und Monographien für Lehrer in der ganzen Welt nicht uneingeschränkt zur Verfügung stehen. Sie beschränkt sich auf solche Titel, die unmittelbar umsetzbare Praxisbezüge haben bzw. in der Regel im internationalen Buchhandel und in den Bibliotheken von Goethe-Instituten zu finden sind.

Form der Studieneinheit

Einige Anmerkungen noch zur Form der Studieneinheit. Sie kann mit der folgenden Graphik verdeutlicht werden:

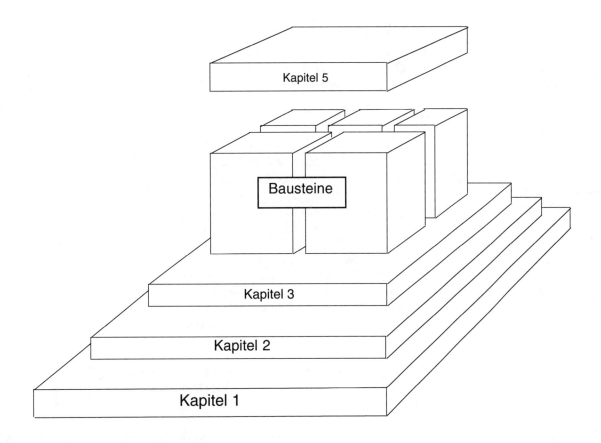

Was bedeutet dieses Schema für die praktische Arbeit mit der Studieneinheit?

Arbeitshinweise

Vermutlich können Sie nicht eine ganze Studieneinheit in kurzer Zeit durcharbeiten und sie jeweils in einer Gruppe diskutieren. Das ist auch nicht nötig. Sie können sich hier statt dessen in kurzer Zeit über jeweils ein Einzelproblem orientieren und einzelne Unterrichtsvorschläge erst einmal durchdenken oder praktisch ausprobieren, ehe Sie sich das nächste Kapitel vornehmen.

Nach der Einleitung können sowohl die Kapitel 2 und 3 als auch die Einzelstichwörter des Kapitels 4 unabhängig voneinander und in beliebiger Reihenfolge bearbeitet werden. Das Kapitel 4 hat also in dieser Studieneinheit besonderes Gewicht und kann auch separat bearbeitet werden. Die Verweise, die Sie in diesen Abschnitten finden, zeigen gleichzeitig auf, wo man weiterlesen kann, um zusätzliche Informationen zu finden.

Soweit das Vorwort der Autoren. Zum Schluß noch einige Vorworte von Lehrern und Lernern.

1.2 Wie sehen Lehrer und Lerner ihren Grammatik- unterricht?

1. *"..und wenn ich dann mit der Grammatik anfange, sind alle ganz ruhig und hören zu."*

   (Lehrer)

2. "Die Grammatik in unserem Lehr- buch ist irgendwie unsystematisch. Es fehlt der Überblick. Aber wir haben nichts anderes."

   (Lehrerin)

3. "Die Übungen im Buch sind überhaupt kein Problem. Die Schüler machen sie meistens richtig. Aber wenn sie das Perfekt dann benutzen, ist wieder alles falsch."

   (Lehrerin)

4. "Immer die gleichen Übungen. Langweilig ist das schon, aber wir müssen die Grammatik lernen."

   (Lerner)

Wenn man Lehrer oder Fremdsprachenlerner nach ihrer Meinung zur Rolle der Grammatik im Fremdsprachenunterricht fragt, dann bekommt man oft ähnliche Antworten. Die Grammatik wird allgemein als wichtig beim Erlernen der Fremdsprache eingeschätzt. Das Lehrbuch ist die wichtigste und oft die einzige Quelle für Grammatikdarstellungen und -übungen. Gleichzeitig haben wir in vielen Fortbildungsveranstaltungen den Eindruck gewonnen, daß die meisten Lehrer und Lerner mit ihren Lehrbüchern unzufrieden sind. Oft scheint ihnen die gewählte Reihenfolge der Regeldarstellungen nicht logisch, fast immer hört man Klagen über fehlende Übungen.

Auch das ist ein Ziel dieser Studieneinheit: Die Lehrbücher durchschaubarer und die Übungsphasen abwechslungsreicher zu machen. Manchmal ist das mit sehr wenig Vorbereitung und Aufwand möglich.

Der Fremdsprachendidaktiker Günther Zimmermann hat sich in mehreren Büchern und Aufsätzen mit der Theorie und Praxis des Grammatikunterrichts beschäftigt. In einer Umfrage hat er versucht, die Schwierigkeiten von Lehrer(inne)n bei der Vorbereitung des Grammatikunterrichts zu ermitteln. Hier das Ergebnis:

Schwierigkeiten	Prozent
Die grammatische Regel zu verstehen	0,1
Die Regel klar und mit nicht zu vielen Ausnahmen zu formulieren	16,4
Die Regel für Schüler verständlich darzustellen	21,7
Die Regel für Schüler interessant und motivierend darzustellen	61,8

Finden Sie sich in der Umfrage wieder, oder liegen Ihre Probleme woanders? Gerade dem letzten Punkt wollen wir in den "Bausteinen" besondere Aufmerksamkeit widmen.

Wir haben jetzt schon eine Weile über Grammatik gesprochen, aber noch nicht klar gesagt, was wir mit dem Begriff "Grammatik" eigentlich meinen. Hier einige Zitate und Definitionsversuche.

1.3 Was heißt eigentlich Grammatik?

Aufgabe 1

Lesen Sie die Äußerungen durch! Überlegen Sie, was der Begriff "Grammatik" jeweils bedeutet!

A) Hast du schon wieder deine Grammatik zu Hause vergessen!

B) Na, hast du heute deine Grammatik besser im Kopf als beim letzten Test?

C) Die Grammatik in diesem Buch verstehe ich nicht!

D) Im nächsten Test geht es um die Grammatik von Lektion 4.

E) Ich benutze immer diese blaue Grammatik, wie heißt sie doch gleich?

F) Du sprichst schon ganz gut, aber deine Grammatik ist noch sehr fehlerhaft!

Ordnen Sie die Sätze zu! Welcher Satz beschreibt welche Äußerung?

1. Hiermit sind die Grammatikkenntnisse gemeint, die man hat.
2. Damit ist ein Nachschlagewerk, wahrscheinlich die Grammatik von Helbig/Buscha, gemeint.
3. Hier ist eine ganz bestimmte Grammatik-Regel gemeint, die gerade im Unterricht behandelt wurde.
4. Auch hier ist ein Nachschlagewerk gemeint, das man zu Hause zum Nacharbeiten des Unterrichts benutzen kann.
5. Hier bezeichnet der Begriff "Grammatik" die gesamte Regeldarstellung in einem Lehrbuch.

A / ＿＿＿ , B / ＿＿＿ , C / ＿＿＿ , D / ＿＿＿ , E / ＿＿＿ , F / ＿＿＿

In welchem Sinne verwenden Sie und Ihre Schüler meistens den Begriff "Grammatik"?

Wir wollen hier nicht versuchen, den Begriff "Grammatik" sprachwissenschaftlich genau zu beschreiben. In dieser Studieneinheit genügt eine einfache Unterscheidung:

Definition: Grammatik

Helbig (1981) unterscheidet bei der Verwendung des Begriffs "Grammatik" drei verschiedene Bedeutungen. Er spricht von einer Grammatik A, B und C.

Beispiel A

Die deutsche Grammatik kommt mir komplizierter vor als die englische.

Grammatik A meint hier das komplette Regelsystem einer Sprache, unabhängig von dessen Benennung oder Beschreibung durch die Sprachwissenschaft.

Das bedeutet: Die Grammatik einer Sprache, ihr Regelsystem existiert auch ohne die Linguisten, unabhängig von seiner wissenschaftlichen Beschreibung.

Beispiel B

Ich habe mir die neue Duden-Grammatik gekauft.

Die sprachwissenschaftliche Beschreibung des Regelsystems, sein Abbild durch die Sprachwissenschaft, wird als **Grammatik B** bezeichnet.

"Grammatik" meint hier ein Modell, ein sprachwissenschaftliches Bezeichnungssystem. Die Sprachwissenschaft hat von unterschiedlichen Ausgangsfragen her eine Reihe verschiedener Beschreibungsmodelle entwickelt. Einige dieser Modelle sind auch in Fremdsprachenlehrwerken verwendet worden.

Beispiel C

Seine Intonation ist gut, aber seine Grammatik ist sehr fehlerhaft.

Grammatik C meint das Regelsystem, das sich Sprachlerner im Sprachunterricht systematisch aneignen oder ohne Sprachunterricht unsystematisch erwerben.

Diese Definition meint die "Grammatik im Kopf". Erinnern Sie sich an die *Beobachtung 1*? Die Studenten in *Beobachtung 1* hatten gute Grammatikkenntnisse, auch wenn viele von ihnen das System nicht genau beschreiben konnten.

Soweit diese wichtige Unterscheidung. Bei der Grammatik B unterscheidet Helbig noch etwas genauer. Er fragt hier, zu welchem Zweck die Beschreibung von Regeln und Strukturen dient. Die Grammatik B ist zunächst eine Sprachbeschreibung zu sprachwissenschaftlichen Zwecken, eine linguistische Grammatik also. Diese Grammatik bezeichnet er als Grammatik B_1. Wenn grammatische Regeln und Strukturen zum Zweck des Sprachlernens in Schulbüchern dargestellt werden, spricht Helbig von einer Grammatik B_2, von einer didaktischen oder pädagogischen Grammatik. Diese Begriffe werden in der Fachliteratur oft synonym gebraucht. Dort finden Sie auch manchmal den Begriff "Lerner-Grammatik" für die Grammatik B_2.

Graphisch kann man diese Definition so darstellen:

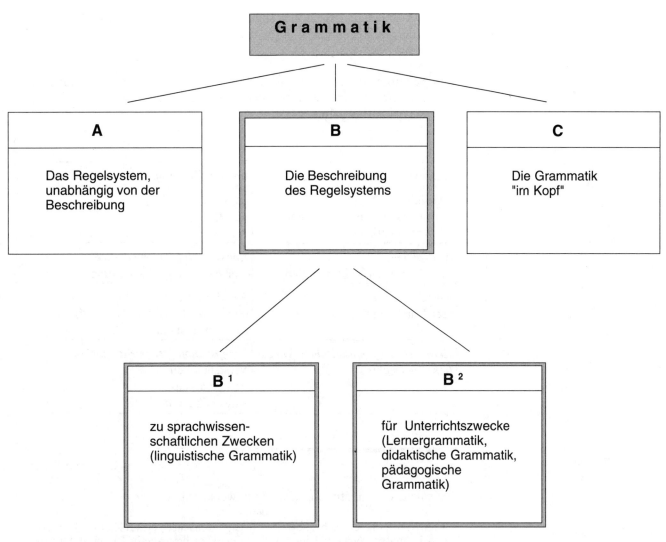

Wir haben uns in dieser Studieneinheit entschieden, den Begriff "pädagogische Grammatik" zu verwenden. Wir meinen, daß damit am besten ausgedrückt ist, daß wir hier über den ganzen Lern- und Lehrverlauf von Regeln sprechen wollen und nicht nur die didaktische Frage stellen, wie man ein Regelsystem aufteilen, darstellen und im Unterricht präsentieren kann.

Eine pädagogische Grammatik ist für uns im Kontext dieser Studieneinheit also mehr als eine Sprachbeschreibung. Sie meint eine Grammatikdarstellung , die ...

➤ ... zuerst die pädagogische Frage stellt, das heißt, sie fragt zuerst nach den Kenntnissen, Bedürfnissen und Voraussetzungen der Lerner. Auf dieser Grundlage werden Regeln ausgewählt und beschrieben.

➤ ... Hilfen beim Lesen, Schreiben, Hören und Sprechen in der fremden Sprache gibt, aber nicht das Ziel des Unterrichts selbst ist.

➤ ... im Gegensatz zur linguistischen Grammatik nicht in jedem Fall vollständige Systeme beschreiben und erklären will, sondern diejenigen Teile einer Regel oder eines Systems auswählt und beschreibt, die für einen bestimmten Verwendungszweck gerade gebraucht werden.

➤ ... auch in der Präsentation von Regeln und Strukturen auf außerlinguistische Mittel zurückgreift, zum Beispiel auf Bilder, um Transparenz und Übersichtlichkeit zu vermitteln.

Kurz: In der Studieneinheit soll von einer Grammatik gesprochen werden, die nicht das

Ziel des Fremdsprachenunterrichts ist, sondern ein Mittel zu einem Zweck: zur aktiven Verwendung der fremden Sprache durch die Lernenden.

Dazu zum Schluß zwei Zitate von einem Lehrwerkautor. Reiner Schmidt faßt die Unterschiede zwischen einer linguistischen und einer pädagogischen Grammatik für Lerner in einer Tabelle zusammen.

Linguistische Grammatik	Lerner-Grammatik
Totalität (Ausnahmen von der »Regel« besonders wichtig)	*Auswahl*
Abstraktheit (der Beschreibung / Darstellung)	*Konkretheit / Anschaulichkeit* (der Abbildung / Darstellung)
Kürze (der Darstellung)	*Ausführlichkeit* (der Darstellung der als wichtig erkannten Elemente)
Keine lernpsychologischen Vorgaben /Rücksichten	*Lernpsychologische Kategorien:* Verstehbarkeit Behaltbarkeit Anwendbarkeit

Schmidt (1990), 153/54

Über eine solche Grammatik für Sprachlernzwecke sagt er:

> Ihr letztes Ziel ist es, sich selbst überflüssig zu machen; dieses Ziel ist dann erreicht, wenn Fremdsprachenlerner(innen) die Fremdsprache rezeptiv wie produktiv frei beherrschen, ohne die "Krücke" Grammatik.

2 Grammatik im Lehrbuch – Grammatik im Unterricht

2.1 Grammatik im Lehrbuch

Der Umfang und die Form der Darstellung von grammatischen Regeln ist fast in jedem Lehrwerk anders. Manche Lehrwerkautoren verwenden viel Platz für die Darstellung einer Regel, die in einem anderen Buch nur in einer Beispieltabelle oder gar nicht thematisiert wird. Schon aus dieser Tatsache kann man erkennen, daß es keine allgemeinverbindliche, allein "richtige" Form der Präsentation von Grammatik gibt. Allein schon die Inhaltsverzeichnisse von Lehrwerken sagen etwas aus über den Stellenwert der Grammatik.

Wir haben auf den folgenden Seiten jeweils die ersten Seiten der Inhaltsverzeichnisse von vier Lehrwerken abgedruckt.

Beispiel 1

Inhaltsverzeichnis und Stoffplan

Abschnitt	Texte	Sprachstoff
	Die Landkarte, S. 13	
1	In der Schule, S. 17 Wir lernen Deutsch, S. 19	Der Artikel, S. 20 Das Verb, Präsens, S. 21 Das Verb *sein*, S. 22 Personalpronomen, S. 23 Verb + Adjektiv, S. 24

2	Im Klassenzimmer, S. 26
	Der Unterricht, S. 27
		Das Nomen (Substantiv), S. 28
		    Singular und Plural, S. 28
		    Der Akkussativ, S. 29
		Fragepronomen, S. 30
		Das Verb *haben*, S. 31
		Der Imperativ, S. 32

	Das Alphabet, S. 32 Die Silben, S. 32	
3	Haben Sie genug Geld?, S. 35 Die Zahlen, S. 37 Was möchten Sie bitte?, S. 37 Die Zeit, S. 40	Der Satz, S. 38 Die Zahlen, S. 39
4	Eine Bahnfahrt, S. 43 Eine Reise, S. 44	Das Verb, S. 45 Präsens der starken Verben Vorsilbe und Verb, S. 47 Wortstellung, S. 48 Präpositionen *in, nach, bis, über, von*, S. 49
	Tag – Monat – Jahr, S. 49	Negation, S. 50

5	Herr und Frau Braun
	    haben Besuch, S. 52
	Ein Freund kommt, S. 53
	Herr und Frau Braun begrüßen
	    ihren Gast, S. 54
	Unsere Familie, S. 58
		Das Nomen, S. 55
		    Der Dativ S. 55
		Das Fragepronomen *wem?*, S. 55
		Possessivpronomen, S. 57

Griesbach (1976), 9

A: Welchen Kategorien werden die Einträge zugeordnet? Welchen Stellenwert hat dabei die Grammatik?

B: Ist das Inhaltsverzeichnis übersichtlich?

C: Können sich Lehrer und Lerner durch einen Blick in das Inhaltsverzeichnis über den tatsächlichen Inhalt eines Kapitels informieren?

Dies ist die erste längere Aufgabe in der Studieneinheit. Wenn Sie Probleme mit den Fragen haben: In der "Auswertung" unten finden Sie Hilfen zu den Antworten.

_____

_____

_____

_____

_____

_____

_____

_____

_____

_____

_____

_____

_____

_____

_____

_____

_____

_____

Auswertung

Zu den Abschnitten werden jeweils die Kategorien *Texte* und *Sprachstoffe* zugeordnet. Unter der Kategorie *Texte* sind einfach Überschriften aufgelistet. Sie geben manchmal Hinweise auf die behandelten Themen. Aber auch Wortfelder (Tag - Monat - Jahr) und grammatische Unterrichtsinhalte (Alphabet, Silben) finden sich in dieser Spalte. Das heißt, daß der Begriff *Texte* hier als sehr unspezifische Sammel-Kategorie verwendet wird, unter der man eigentlich alles unterbringen kann. Unter *Sprachstoff* werden nur grammatische Bezeichnungen aufgelistet. Die Spalte ist grau unterlegt. Mit diesem Grauton und mit dem Ausdruck *Sprachstoff* soll gezeigt werden, daß hier die eigentlich wichtigen Lerninhalte des Lehrwerks zu finden sind.

Untersuchen Sie nun auf die gleiche Weise die drei folgenden Beispiele für Inhaltsverzeichnisse:

INHALTSVERZEICHNIS

Schäpers (1972), 3

Beispiel 3

Inhaltsverzeichnis

Häussermann (1978), V

18

Inhaltsverzeichnis

Neuner (1986), 3

_____

_____

_____

_____

_____

_____

_____

_____

_____

_____

_____

_____

_____

Auswertung

Wir haben im folgenden die Beispiele aus den Inhaltsverzeichnissen kurz charakterisiert. Versuchen Sie selbst herauszufinden, welche Charakterisierung zu welchem Inhaltsverzeichnis gehört!

1. Das Inhaltsverzeichnis enthält drei Kategorien und ist damit differenzierter als die zwei anderen Beispiele. Die Grammatik wird an erster Stelle genannt. Einzelne Bezeichnungen werden durch Beispiele erklärt (Negativer Artikel - *kein*) Es folgen "Redeintentionen" und "Themen". Das Inhaltsverzeichnis erscheint damit übersichtlich und informativ.

2. Das Inhaltsverzeichnis ist unterteilt in zwei Spalten und fünf Kategorien. Die linke Spalte enthält stichpunktartige Informationen zu den Lernzielen des Kapitels allgemein, die rechte Spalte nimmt Bezug auf die konkreten Lehrbuchseiten, auf Texttitel, die zumeist Zitate aus dem Kapitel sind, bzw. auf die eingeführte Grammatikstruktur oder die dazugehörigen Übungen. Das Beispiel enthält damit sicher die detailliertesten Informationen aller untersuchten Beipiele, wirft aber gleichzeitig auch die Frage auf, wie detailliert Inhaltsverzeichnisse sein müssen - und sein dürfen, ohne daß ihre Lesbarkeit beeinträchtigt wird.

3. Das Inhaltsverzeichnis enthält keine Informationen zur Grammatik. Die angegebenen Titel enthalten Situationsangaben (Im Supermarkt) oder - öfter - Äußerungen aus dem Lektionstext in direkter Rede (*Und wo schlafe ich?*). In letzterem Fall ist eine Aussage über den Kapitelinhalt nur schwer möglich. Der Informationsgehalt des Inhaltsverzeichnisses ist gering.

Haben Sie die Zuordnung gefunden? Tragen Sie die Zahlen ein:

Beispiel 2:   **Beispiel 3:**   **Beispiel 4:**

Soweit die Beispiele. Sicher haben Sie dabei auch schon an das Inhaltsverzeichnis des Lehrwerks gedacht, das Sie selbst am besten kennen, weil Sie damit lernen oder lehren. Dieses Buch sollten Sie sich jetzt einmal vornehmen.

Charakterisieren Sie das Inhaltsverzeichnis eines Lehrwerks, das Sie verwenden oder kennen!

A: Vergleichen Sie das Inhaltsverzeichnis mit den vier Beispielen! Wo wäre es einzuordnen?

B: Machen Sie einmal folgendes Experiment: Wählen Sie einmal ein Kapitel aus einem Ihnen bekannten Lehrwerk aus und schreiben Sie selbst dazu einen Eintrag in das Inhaltsverzeichnis!

_____

_____

_____

_____

_____

_____

_____

_____

C: Vergleichen Sie dann Ihr Ergebnis mit dem Original! Welche Version gefällt Ihnen besser?

_____

_____

Sie können also schon anhand des Inhaltsverzeichnisses eines Lehrwerkes Aussagen über die Planungsschwerpunkte der Autoren, das heißt über die didaktisch-methodischen Grundlagen des Lehrwerks treffen. Inhaltsverzeichnisse sollten möglichst genau über das informieren, was man in einem Lehrwerkkapitel erwarten kann. Inhaltsverzeichnisse sollten klare Aussagen über die Unterrichtsziele enthalten, aber immer auch für Lerner lesbar bleiben. Am besten kann das in der Muttersprache der Lerner geschehen. Auf diese Weise wissen die Lerner, was sie erwartet, und sie können später selbst kontrollieren, ob sie die Unterrichtsziele auch erreicht haben.

Ergebnis

2.2 Grammatik im Unterricht: Lehrer(innen) – Schüler(innen) – Lehrwerke

Nach diesem Überblick, dem Vergleich von Inhaltsverzeichnissen, wollen wir uns nun etwas genauer mit Beispielen für die Grammatikarbeit in Lehrwerken und im Unterricht beschäftigen. Wir haben hier ein Lehrwerkbeispiel abgedruckt und möchten Ihnen dazu einige Anregungen auf einem Arbeitsblatt geben. Lesen Sie das Arbeitsblatt und dann das Lehrwerkbeispiel!

Aufgabe 5

Arbeitsblatt

Arbeitsanregungen zur Untersuchung von Lehrwerken und Unterricht:

A: Zum Lehrwerk

1) *Was ist das Lernziel des Kapitels? Wird es von den Autoren genannt oder ist es nur impliziert?*
2) *Welche Texte werden präsentiert (Dialoge / Lesetexte / etc.)?*
3) *Welche Grammatikstrukturen und -regeln werden eingeführt?*
4) *Mit welchen Situationen/Inhalten werden die grammatischen Strukturen verbunden?*
5) *Wie sind die Strukturen und Regeln optisch markiert?*
6) *Wie viele Übungen werden zu einem einzelnen grammatischen Thema jeweils durchgeführt?*
7) *Welche grammatischen Kenntnisse erfordern die einzelnen Übungen?*

B: Zum Unterricht

8) *Untersuchen Sie die einzelnen Übungen und machen Sie eine Stichwortliste zu den Übungszielen! Was wird konkret geübt? Was sollen die Lerner bei den einzelnen Übungen genau tun (Sprechen? Schreiben?)?*

9) *Welche Aufgaben hat der Lehrer bei der Arbeit mit dieser Lektion?*

10) *Versuchen Sie, sich den Unterricht mit dieser Lektion vorzustellen (Wer tut/sagt/was? Wie lange dauern die Übungen? Welche Unterrichtsphasen kann man unterscheiden?)!*

II.   Eine Verabredung.

Turgut : Hüseyin und ich wollen ins Kino gehen. Wir wollen dich mitnehmen.

Ahmet : Ich muss zuerst meine Aufgaben machen. Aber ich will meinen Vater fragen. Vielleicht darf ich mitgehen. — Wann beginnt das Kino?

Turgut : Es beginnt um halb 5!

Ahmet : Wie heisst der Film?

Turgut : Er heisst "Die drei Brüder" und es gibt auch eine Wochenschau.

Ahmet : Ich frage auch Tülin, vielleicht kann sie auch mitgehen.

Turgut : Gut! Wann und wo treffen wir euch?

Ahmet : Könnt ihr uns abholen?

Hüseyin : Natürlich? Wir holen euch um 4 Uhr ab.

Ahmet : Hoffentlich bekommen wir noch Karten!

Turgut : Sicher! Um diese Zeit gehen nicht so viele Leute ins Kino.

Hüseyin : Dann gehen wir jetzt nach Hause und machen unsere Aufgaben.

III. Übung 1 :

Ich frage dich.   — Wir fragen euch.

.. treffe ....   — ... treffen ....

.. besuche .....   — ... besuchen ..

.. hole ..... ab.   — ... holen .. ab.

.. nehme .. mit.   — ... nehmen .. mit.

.. lade .... ein.   — ... laden .. ein.

Übung 2 :

Reşat kommt um   4. — Er will uns besuchen.

....   6. — Er ...... abholen.

....   5. — Er ...... mitnehmen.

....   2. — Er ...... einladen.

.... 10. — Er ...... fragen.

Peksirin (1987), 54 (im Original mehrfarbig)

Übung 3 :

Wen fragt Turgut?	— Er fragt mich.
... trifft	— Er .... mich.
... besucht	— Er ....
... holt ... ab?	— Er .... ab.
... lädt ... ein?	— Er .... ein.
... nimmt . mit?	— Er .... mit.

Übung 4 :

Heute kann ich dich nicht besuchen.
.... dich nicht abholen.
.... mitnehmen.
.... einladen.
.... treffen.

Übung 5 :

Hier gibt es viele Bücher.	— Dort gibt es keine Bücher.
.... viele Hefte.	— Dort ..... keine Hefte.
.... Schokolade.	— Dort ..... keine Schokolade.
.... Brot.	— Dort ..... kein Brot.
.... Koffer.	— Dort ..... keine Koffer.
.... Autos.	— Dort ..... keine Autos.
.... Lehrer.	— Dort ..... keine Lehrer.
.... einen Film.	— Dort ..... keinen Film.

Übung 6 :

Heute darf ich ins Kino gehen.
.... Fussball spielen.
..... dürfen wir ins Kino gehen.
.... Fussball spielen.

Übung 7 ·

1. Wir .... heute ins Kino gehen. Wir .... dich mitnehmen. 2. Ich .... zuerst meine Aufgaben machen. Aber ich .... meinen Vater fragen. 3. Vielleicht .... ich mitgehen. 4. Wann .... das Kino? Es .... um halb 5. 5. Es .... eine Wochenschau. 6. Wann und wo .... wir euch? 7. .... ihr uns abholen? 8. Natürlich! Wir .... euch um 4 Uhr ab. 9. Hoffentlich .... wir noch Karten. 10. Um diese Zeit .... nicht so viele Leute ins Kino.

Peksirin (1987), 55

2. Anmerkungen:

In diesem Stück wird nun der Akkusativ der 1. und 2. Personen des Personalpronomens eingeführt. Wiederholen Sie bei dieser Gelegenheit auch die in den vorhergehenden Lektionen gelernten Verben, die den Akkusativ nach sich haben (wie z. B. "sehen", "fragen", "verstehen"), sowie die Modalverben. Neu ist in dieser Lektion "dürfen". Wir empfehlen eine Erarbeitung in türkischer Sprache; dabei muß folgender Unterschied deutlich herausgearbeitet werden:

können = imstande sein, in der Lage sein; es hängt von dem Betreffenden ab.

dürfen = ein anderer, z. B. der Vater oder die Mutter gibt die Erlaubnis; es ist erlaubt; es ist gestattet.

Ich kann Fußball spielen = Ich bin imstande, Fußball zu spielen.

Ich darf Fußball spielen = Mein Vater hat mir erlaubt, Fußball zu spielen.

Zu Punkt d) dieses Stückes "ich treffe dich" usw. gehört auch noch die 3. Person Plural: "sie treffen mich" usw. Fügen Sie diese Formen ein und denken Sie auch an entsprechende Übungen!

Sie sollten in diesem Stück auch die Inversion wiederholen:

> Ich treffe euch morgen.
> Morgen treffe ich euch.

3. Anregungen für Übungen:

aa) Wen lädt er noch ein? Er lädt auch seinen Onkel ein.
Stimuli: seinen Freund, seine Tante, seinen Bruder, seine Lehrerin, seinen Lehrer, seine Schwester, seinen Vater, seine Mutter.

ab) Wann können wir euch zu Hause treffen? wir sind um 3 Uhr sicher zu Hause.
Stimuli: andere Zeiten.

Peksirin (1970), 74

In dem Kapitel werden die erste und zweite Person des Personalpronomens im Akkusativ eingeführt sowie die Modalverben *dürfen* und *können*. Die Schüler sollen die Sätze ergänzen, wobei die Personalpronomen bereits vorgegeben sind. Am Ende der ersten Doppelseite finden die Schüler eine tabellarische Übersicht über die Personalpronomen im Akkusativ in der ersten und zweiten Person Singular und Plural. Danach werden die Strukturen dann in einem Dialog zwischen drei türkischen Jugendlichen, die sich vor einem türkischen Kino auf deutsch (!) verabredeten, verwendet. Die Jugendlichen sprechen in vollständigen und korrekten Sätzen. Eine Auswahl zwischen den Pronomen wird den Schülern nicht abverlangt. Zum Modalverb *dürfen* gibt es eine Übung mit vier Sätzen, bei der durch das vorgegebene Muster praktisch keine Fehler, aber auch keine Variationen möglich sind.

Auswertung

Die Übungen steuern komplett, d.h., sie lassen keine alternative Antwort zu. Die letzte Übung sieht zunächst schwieriger aus, da nicht nur Wörter einer Kategorie nach Vorgaben eingesetzt werden müssen. Da aber nur Sätze aus dem Text verwendet werden, können die Schüler die richtigen Antworten praktisch aus dem Text abschreiben. Die Übung könnte auch als erste Übung, unmittelbar nach der Erarbeitung des Dialogs durchgeführt werden. Eine Übungsprogression - von leichteren zu schwereren Übungen - oder eine Varianz der Anforderung an die Schüler ist nicht erkennbar. Bei allen Übungen müssen die Schüler nur das vorgegebene Wort in einen teilweise neuen syntaktischen Kontext einfügen. Die eingeführten Modalverben und Personalpronomen werden nicht als Teil eines Systems gezeigt. Sie werden nur imitativ gelernt. Für die Modalverben fordert das Lehrerhandbuch eine muttersprachliche Erläuterung durch den Lehrer. Das Lehrerhandbuch fordert darüber hinaus den Lehrer auf, mehr Übungen durchzuführen und gibt dazu Anregungen (rund 50 zusätzliche"Stimuli", d. h. Vorgaben für Lehrerfragen).

Das Muster des Unterrichts ist damit erkennbar: Die Aufgabe des Lehrers ist die eines ständigen "Impulsgebers", die Aufgabe der Schüler ist es zu reagieren: Sie sprechen den Dialog nach, füllen vorgegebene Lücken aus und antworten auf Lehrerfragen. Ein für beide Seiten anstrengendes Verfahren, bei dem dem Lehrer kaum Zeit bleiben wird, sich um die individuellen Lernprobleme einzelner Schüler zu kümmern. Es ist unwahrscheinlich, daß die Schüler nach dieser Stunde die Akkusativpronomen bzw. die Modalverben in anderen als den vorgegebenen Kontexten verwenden können. In dem Kapitel wird das auch nicht verlangt. Auch der Satzrahmen (Modalverb + Infinitv) wird nicht bewußt gemacht.

Aufgabe 6

Nehmen Sie sich nun einmal das Lehrwerk vor, das Sie selbst am besten kennen, und verwenden Sie das Arbeitsblatt noch einmal! Vielleicht können Sie das Ergebnis mit Kolleg(inn)en diskutieren.

Soviel zunächst zu den Lehrwerken. Daß das Lehrwerk auch im Grammatikunterricht nicht immer im Mittelpunkt stehen muß, möchten wir Ihnen jetzt an zwei Beispielen zeigen.

2.3 Grammatik im Unterricht – Beispiele aus einer Videodokumentation

Hinweis

Vor einigen Jahren hat das Goethe-Institut ein großes Projekt zum Thema *Grammatik im Unterricht* durchgeführt. Im Rahmen des Projektes wurden rund 70 Grammatikstunden in verschiedenen europäischen Ländern auf Videobändern aufgezeichnet. Viele der Videobänder sind übrigens in den Goethe-Instituten vorhanden. Wenn Sie die Möglichkeit haben, sich dort die eine oder andere Stunde anzusehen, sollten Sie das im Zusammenhang mit der Arbeit an dieser Studieneinheit unbedingt tun. Die Aufzeichnungen enthalten auch weniger gut gelungene Unterrichtsstunden und bieten gerade deshalb viele Denkanstöße für den eigenen Grammatikunterricht.

Beispiel 1

Als erstes Beispiel haben wir eine Stunde ausgewählt, die Ende 1986 in Athen zum Thema *Kausalsätze* (Begründungen / Bedingungen) gehalten wurde. Die Schüler hatten zu diesem Zeitpunkt schon drei Jahre Deutsch als zweite Fremdsprache gelernt. Kurstragendes Lehrwerk war *Deutsch konkret*. Das Kapitel 8, Bd. 2 (Begründungen, Kausalsätze) war schon zum Teil behandelt worden.

Hier finden Sie einen Auszug aus dem Stundenprotokoll und Fotos aus der Videodokumentation zu den einzelnen Unterrichtsphasen:

17

KAUSALITÄT/KONNEKTOREN   Haido Papadopoulou
"Begründung/Bedingung"   Griechenland
                                Dezember 1986

Unterrichtsverlauf

00:00 | Einstieg in das Thema

In Anknüpfung an die Hausarbeit "Warum man Krach mit den Eltern haben kann" gibt die L Karten mit Äußerungen <u>deutscher</u> Schüler zu "Konfliktanlässen" mit ihren Eltern aus. Die S sollen diese Karten lesen, die Äußerungen in eine Liste, die von der L zuvor ausgeteilt wurde, eintragen und den Konfliktanlässen zuordnen. (Siehe Anlagen 1 und 1a). Die S sollen feststelllen, wie häufig <u>deutsche</u> Schüler welche Probleme mit ihren Eltern haben. Die S arbeiten in Gruppen.

01:50 | Gruppenarbeit. Währenddessen geht die L umher und greift unterstützend und erläuternd ein.

05:51 | Die L hängt vorbereitete Liste (in Großformat) zur späteren Auswertung der Gruppenarbeitsergebnisse an die Wand.

16:14 | Auswertung

Jede Gruppe trägt im Plenum die Äußerungen <u>deutscher</u> Schüler vor: S aus den jeweils anderen, zuhörenden Gruppen ordnen diese Äußerungen den Konfliktanlässen in der Liste an der Tafel zu. Die S sollen zu den jeweiligen Konfliktanlässen weitere, passende Äußerungen <u>deutscher</u> Schüler vorlesen.

27:30 | Jede Gruppe trägt ihre Arbeitsergebnisse in die große Liste an der Tafel ein.

Dahl (1988), 444

Dahl (1988), Video Nr. 17

Phase 1:
Gruppenarbeit

27

Individuelle
Betreuung

Dahl (1988), Video Nr. 17

Phase 2:
Auswertung

Dahl (1988), Video Nr. 17

Dies sind einige der Karten, mit denen die Schüler in der Gruppenarbeit gearbeitet haben:

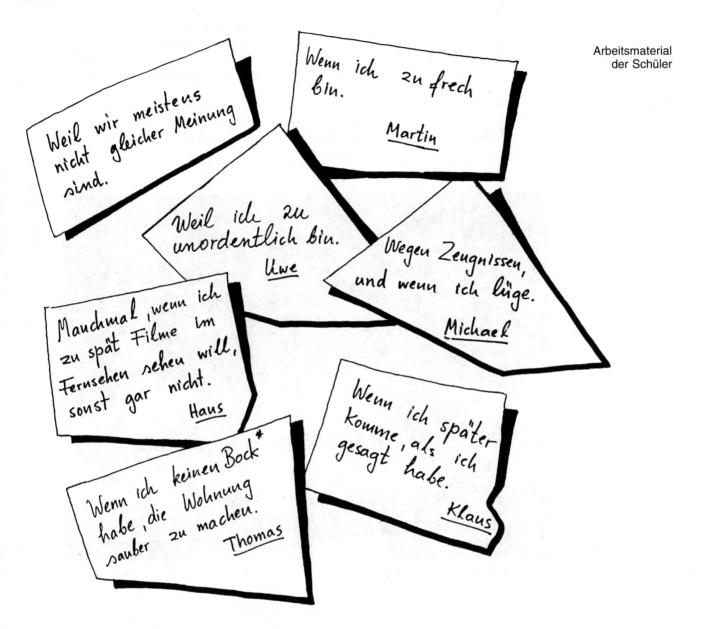

Weil wir meistens nicht gleicher Meinung sind.

Wenn ich zu frech bin.
Martin

Weil ich zu unordentlich bin.
Uwe

Wegen Zeugnissen, und wenn ich lüge.
Michael

Manchmal, wenn ich zu spät Filme im Fernsehen sehen will, sonst gar nicht.
Hans

Wenn ich keinen Bock* habe, die Wohnung sauber zu machen.
Thomas

Wenn ich später komme, als ich gesagt habe.
Klaus

Dahl (1988), 446-451

Zwei Unterschiede zu den vorher geschilderten Beispielen fallen sofort ins Auge:

1. Hier gibt es keine "Frage-Antwort-Serie" zwischen Schüler(inne)n und Lehrerin. Die Schüler(innen) sprechen auch untereinander. Sie arbeiten nicht nur mit einem Buch. Sie haben eigene "Texte", nämlich die Karten geschrieben, mit denen sie jetzt weiterarbeiten. Die Lehrerin hat eine Gruppenarbeit zu einem grammatischen Thema vorbereitet.

2. Es geht nicht nur um grammatische Strukturen, sondern gleichzeitig auch um einen konkreten, die Schüler betreffenden Inhalt: Die Schüler(innen) lernen etwas über die Konflikte deutscher Jugendlicher mit ihren Eltern und können diese, wenn sie wollen, mit ihrer eigenen Situation vergleichen.

Durch die 15minütige Gruppenarbeit hat die Lehrerin Zeit gewonnen, in der sie einzelnen schwächeren Schülern helfen kann. Die Schüler haben in dieser Zeit die Möglichkeit, untereinander über die neue Struktur zu sprechen und die Beispielsätze in Ruhe durchzulesen.

Die Schüler reagieren hier nicht nur auf Impulse der Lehrerin oder des Buches, sondern sie setzen sich mit Beispielsätzen auseinander und ordnen sie inhaltlich. Der Inhalt der Beispielsätze ist also nicht bedeutungslos. Er stammt aus dem Erfahrungsbereich der Schüler. Als Ergebnis dieser Unterrichtsphase haben sie eine deutsch / griechische "Statistik" zum Thema *Konflikte mit den Eltern* erstellt und auf diese Weise in der Grammatikübung landeskundliche Informationen bearbeitet. Mehr zu den didaktischen Grundlagen dieser Unterrichtsstunde finden Sie im Kapitelabschnitt 3.3.

<u>Beispiel 2</u>

Im zweiten Beispiel eines Grammatikunterrichts, in dem das Lehrwerk keine große Rolle spielt, geht es um den Konjunktiv II. Diese Stunde wurde 1986 in Uppsala in Schweden aufgezeichnet. Die Lehrerin beginnt die Stunde mit diesem kurzen Vortrag:

Dahl (1988), Video Nr. 26

```
Uppsala 16.12.1986: Konjunktiv II

L: Wie Sie wahrscheinlich wissen, gibt es zwei Menschentypen.
   Es gibt Indikativmenschen und es gibt Konjunktivmenschen.
   Ich schreibe das gleich auf.
   Konjunktivmenschen sagen: "Wenn ich nur etwas mehr Geld
   hätte, würde ich mir ein Auto kaufen, dann würde ich nach
   Italien fahren" und so. Konjunktivmenschen sagen: "Wenn ich
   nur mehr Zeit hätte, dann würde ich besser Deutsch lernen!"
   Oder sie sagen: "Wenn ich nur bei meinem Liebling wäre, das
   wäre schön!"
   Indikativmenschen sagen: "Ich habe kein Geld, aber ich will
   nach Italien fahren. Also fange ich jetzt an zu sparen."
   Oder sie sagen: "Ich weiß, daß ich viel zu viel .. äh ..
   viel zu wenig Deutsch lerne. Ich muß mehr Zeit dafür
   haben." Oder sie sagen: "Ich bin leider nicht bei meinem
   Liebling, aber vielleicht schreibe ich ihm doch einen
   Brief!"
```

Krumm (1988), 22

Anschließend fragt sie die Lerner, ob sie selbst sich eher zu den Konjunktiv- oder zu den Indikativmenschen zählen, und bittet, Beispiele für Situationen zu nennen.

Dahl (1988), Video Nr. 26

In der Stundenplanung sieht der Anfang der Stunde so aus:

```
Unterrichtsverlauf

00:00    Zwei S stellen sich und den Deutschunterricht vor.

00:40    Einstieg: 'Indikativ- und Konjunktivmenschen'
         Die L stellt anhand von Beispielen 'Indikativ-
         und Konjunktivmenschen' vor.

02:00    Die L fragt, wer ein Konjunktivmensch (Wünscher,
         Träumer) oder ein Indikativmensch (Realist) ist.
         S antworten.

03:05    Die L fragt nach Situationen im Leben, in denen
         man eher ein Konjunktivmensch als ein Indikativ-
         mensch ist und sammelt Vorschläge an der Tafel.

05:25    Die L faßt zusammen, was ein Konjunktivmensch ist.

05:50    Die S sollen Situationen nennen, in denen man eher
         ein Konjunktivmensch ist. Die L notiert die Vor-
         schläge.

07:28    Erklärung
         Die L erklärt den Konjunktiv als eine Verbform,
         die u.a. eine Lebenshaltung ausdrückt, z.B. Träu-
         merei, Unwirkliches.

08:27    Die L zeigt einige Beispielsätze an der Leinwand
         und fragt die S, ob sie Satzbaumuster entdecken.
         Die S nennen u.a. "Nebensatz", "Hauptsatz",
         "Konjunktion".

12:14    Die L faßt zusammen: Ein irrealer Konditional-
         satz besteht aus einem Nebensatz mit 'wenn' +
         Konjunktiv und einem Hauptsatz mit 'würde' +
         Infinitiv. Sie betont, daß die Reihenfolge varia-
         bel ist.
```

Dahl (1988), 524

Wie im ersten Beispiel auch, versucht die Lehrerin hier das Grammatikthema in einen ganz persönlichen, einen emotionalen Bezug zu den Lernern zu bringen. Sie zeigt, was man mit der Struktur konkret ausdrücken kann.

Professor Hans-Jürgen Krumm lehrt Fremdsprachendidaktik an der Universität Hamburg. Er nennt die Unterrichtsstunde...

> *...ein gutes Beispiel dafür, wie eine Lehrerin Grammatik nicht nur als kognitiv zu verarbeitendes System präsentiert, sondern die kommunikative Funktion und den Bezug zu den Emotionen der Lernenden deutlich macht,...* (Krumm 1988, 22)

Kritisch kann man allerdings auch anmerken: In den 7 1/2 Minuten, in denen das Thema "Indikativmensch / Konjunktivmensch" eingeführt wird, haben die Schülerinnen kaum Gelegenheit, einmal nachzudenken, was dies w i r k l i c h für sie bedeutet. Fast die ganze Zeit über spricht die Lehrerin allein. Dann geht sie schnell zur grammatischen Erklärung über.

Ein Vorschlag: Beginnen Sie das nächste Mal, wenn Sie den Konjunktiv II einführen, genauso wie die Lehrerin hier. Helfen Sie aber den Schülern etwas bei ihren Antworten und geben Sie ihnen ein bißchen mehr Zeit zum Nachdenken! Zum Beispiel so:

Statt der direkten Frage nach Beispielen - die von den Schüler(inne)n nicht so schnell zu beantworten sind - schreiben Sie an die Tafel:

Ich glaube   x   ist ein Konjunktiv-/ Indikativmensch, weil ...

Bitten Sie nun die Schüler, sich einige Minuten Zeit zu nehmen und zu zweit einen solchen Satz über einen Klassenkameraden / eine Klassenkameradin aufzuschreiben. Die Sätze werden dann vorgelesen und der / die Angesprochene kann dann sagen, ob das stimmt.

Auf S. 30/32 finden Sie die Begründung dafür, warum das von der Lehrerin im Film gewählte Verfahren der Grammatikarbeit effektiver ist als eine "trockene" Erklärung der Regeln.

Nachdem Sie sich nun mit der Grammatikdarstellung in Lehrbuch und Unterricht beschäftigt haben, möchten wir kurz zusammenfassen, welche grundsätzlichen Varianten der Grammatikarbeit in den Lehrwerken zu beobachten sind.

3 Grammatik in drei Lehrwerkgenerationen – Präsentation und Übungen

Die Beispiele, die wir in dieser Studieneinheit bis jetzt abgedruckt haben, waren sehr unterschiedlich. Der Grund dafür liegt in den unterschiedlichen Methoden des Fremdsprachenunterrichts, von denen die einzelnen Lehrwerke ausgehen. Wenn Sie sich an dieser Stelle zunächst über diese Methoden näher informieren wollen, so haben Sie zwei Möglichkeiten:

Arbeitshinweise

1. Sie lesen das folgende Kapitel, in dem Sie eine kurze Charakteristik von drei wichtigen methodischen Richtungen des Fremdsprachenunterrichts finden.

2. Sie wollen sich genauer über unterschiedliche Methoden informieren. Dazu können Sie an dieser Stelle in der Studieneinheit *Methoden des fremdsprachlichen Deutschunterrichts* ausführlichere Informationen finden.

Dieses Kapitel soll Ihnen bei der Einordnung des eigenen Lehrwerks helfen sowie mögliche Alternativen zeigen. Zu diesem Zweck wollen wir drei Typen von DaF-Lehrwerken vorstellen und vor allem drei Fragen an die Lehrwerke stellen.

1. In welchem inhaltlichen Zusammenhang werden grammatische Regeln und Strukturen eingeführt?
2. Wie werden Regeln abgebildet oder erklärt?
3. Welche Übungen enthalten die Lehrwerke?

Wir wählen dazu einige in Deutschland sehr bekannte und weit verbreitete Lehrwerke aus.

3.1 Sprachunterricht als Grammatikunterricht – die Lehrwerke der Grammatik-Übersetzungs-Methode

Mit diesem Begriff werden hier Lehrwerke bezeichnet, in denen die Vermittlung der Regeln einer Sprache (und traditionell oft deren Anwendung in einer Übersetzung) Ziel aller Übungen, Tabellen und Tests ist. Unterrichtsziel ist nicht die freie Verwendung einer Sprache im Gespräch oder im schriftlichen Text, sondern Kenntnis und Reproduktion des formalen Systems.

Das folgende Beispiel ist dem Lehrwerk von Dora Schulz und Heinz Griesbach *Deutsche Sprachlehre für Ausländer* entnommen, das zuerst 1955 erschien und bis heute vielfache Neuauflagen erlebte. Erinnern Sie sich? Wir haben es bereits im 2. Kapitel zitiert. In Kapitel 14 des ersten Bandes der zweibändigen Ausgabe werden neben dem Plusquamperfekt eine Reihe starker Verben eingeführt und im Perfekt geübt. Ein weiteres Grammatikthema sind die Nebensätze mit Fragewörtern (*Ich weiß nicht, warum er nicht kommt.*) und mit *weil*. Wir haben hier einen der beiden Texte des Kapitels sowie den Kapitelteil zu den Nebensätzen mit *daß* abgedruckt.

Der "Bauplan" der Nebensätze wird schon vorher im Zusammenhang mit den Nebensätzen mit Fragewörtern und *weil* geübt und so erklärt:

Die Nebensätze

Nebensätze mit Fragewörtern

Wissen Sie, *warum* Herr Berger mit dem Taxi fährt? – Ich weiß nicht, *was* ich falsch gemacht habe. – Auf den Verkehrsschildern steht, *wie* schnell die Autos fahren dürfen.

	Warum kommt Peter heute nicht? Ich weiß es nicht.	
Ich weiß nicht,	warum	Peter heute nicht *kommt.*
	Wann fährt der Zug in München ab? Ich muß fragen.	
Ich muß fragen,	wann	der Zug in München *abfährt.*
	Wie hat Ihnen der Film gefallen? Ich frage Sie.	
Ich frage Sie,	wie	Ihnen der Film *gefallen hat.*
	Was muß ich denn noch kaufen? Sag es mir bitte!	
Sag mir bitte,	was	ich noch *kaufen muß!*
	Wieviel Uhr ist es denn? Ich möchte es wissen.	
Ich möchte wissen, wieviel Uhr es *ist.*		

1. Im **Nebensatz** steht das konjugierte Verb **am Ende!**
   Die trennbaren Teile des Verbs stehen zusammen.
   Zwischen dem Hauptsatz und dem Nebensatz steht immer ein Komma.
   Das Subjekt des Nebensatzes steht meist hinter der Konjunktion. Nur ein Pronomen kann dazwischen stehen (....., wie Ihnen der Film gefallen hat).
2. Der Nebensatz mit einem Fragewort als Konjunktion folgt meistens dem Hauptsatz. Modalwörter des Fragesatzes (Wieviel Uhr ist es denn?) fallen weg.
   Das unbestimmte Pronomen (ich weiß es) fällt vor diesen Nebensätzen weg.

Nebensätze mit „weil"

Der Fahrer mußte stark bremsen, *weil* ein Kind über die Straße lief.
Der junge Mann brauchte das Auto, *weil* er einen Ausflug machen wollte.
Der Polizist stoppte den Wagen, *weil* der Fahrer zu schnell gefahren war.
Warum (weshalb) darf Herr Berger nicht mehr Auto fahren? – *Weil* er zu schlecht sieht.

a) Hauptsatz				b) Nebensatz			
I	II	III	E	I	II III		E
Er	trug	eine Brille.		Er fiel mir auf,	weil er eine Brille		trug.
Es	ist	schon spät.		Er muß jetzt gehen,	weil es schon		spät ist.
Er	fährt	heute	ab.	Er hat keine Zeit,	weil er heute		abfährt.
Er	hat	mir	geholfen.	Ich muß ihm helfen,	weil er mir		geholfen hat.
Er	will	heute	arbeiten.	Er kommt nicht,	weil er heute		arbeiten will.

Der Nebensatz mit der Konjunktion **weil** sagt einen Grund und antwortet auf die Frage **warum?** oder **weshalb?**
Er steht meist hinter dem Hauptsatz.

Griesbach (1976), 149-150

Lesen Sie sich noch einmal die Arbeitsanregungen zur Lehrwerkanalyse *auf S. 22 durch, und werten Sie das folgende Beispiel zur Einführung der Nebensätze mit* **daß** *aus!*

Der Straßenverkehr

Gestern hat mich auf der Autobahn eine Polizeistreife gestoppt. Ich wußte nicht, was ich falsch gemacht hatte. Aber die Polizisten wollten nur meinen Führerschein und die Wagenpapiere sehen. Dann überprüften sie die Kennzeichen, sagten: „Danke, alles in Ordnung!" und ich konnte weiterfahren.

„Wissen Sie, warum Herr Berger jetzt immer mit dem Taxi fährt?"
„Ja, sein Wagen ist nicht mehr zugelassen.
Er hat ihn abgemeldet, weil er nicht mehr Auto fahren darf – wegen seiner schlechten Augen. Und er will nicht, daß sein Sohn fährt."
„Aber warum nicht? Fritz kann doch Auto fahren."
„Ja, er kann fahren, aber er darf nicht, weil er noch nicht 18 ist."

Marktstraße–Gerberstraße, das ist wirklich eine gefährliche Kreuzung. Gestern ist schon wieder ein Unfall passiert. Ein Radfahrer hatte nicht beachtet, daß die Ampel für ihn Rot war, und ist mit einem Pkw zusammengestoßen und vom Rad gefallen.
Zum Glück ist dem jungen Mann nicht viel passiert. Er ist gleich wieder aufgestanden; er war nicht verletzt. Aber das Rad war natürlich ganz kaputt; es war ein Sachschaden von 150 Mark entstanden.
„Ich habe so stark gebremst", sagte der Autofahrer, „ein Glück, daß der Wagen nicht ins Schleudern geraten ist."

Ich habe in der Zeitung gelesen, daß gestern nacht in der Königsstraße drei Autos verschwunden sind. Ich wohne auch in der Königsstraße und parke mein Auto vor meiner Haustür. In der Nacht bin ich immer wieder ans Fenster gegangen und habe die Straße beobachtet.
Aber ich habe keine verdächtigen Personen gesehen. Niemand hat sich lange auf der Straße aufgehalten. Warum? Vielleicht, weil es zu stark geregnet hat. Vielleicht, weil mein Auto nicht interessant genug ist. Am Morgen stand mein alter, grauer VW wie immer vor der Haustür.

Griesbach (1976), 145

_____

_____

_____

_____

_____

Nebensätze mit „daß"

1. Wir fahren im Sommer nach Spanien. *Das* ist jetzt sicher. – *Es* ist jetzt sicher, *daß* wir im Sommer nach Spanien fahren.

    Hat der junge Mann das Auto gestohlen? *Das* ist möglich. – *Es* ist möglich, *daß* der junge Mann das Auto gestohlen hat.

2. Mein Freund fliegt morgen ab. Ich weiß *es*. – Ich weiß, *daß* mein Freund morgen abfliegt.

    Ein Fußgänger läuft über die Straße. Der Fahrer sieht *es* nicht. – Der Fahrer sieht nicht, *daß* ein Fußgänger über die Straße läuft.

3. Köln ist eine schöne Stadt. Ich habe *davon* gehört. – Ich habe *(davon)* gehört, *daß* Köln eine schöne Stadt ist.

    Wann schreibt Robert endlich einen Brief? Wir warten *darauf*. – Wir warten *darauf*, *daß* Robert endlich einen Brief schreibt.

> 1. Der Nebensatz mit **daß** steht für einen **Nominativ** (z. B. es [das] ist sicher). Das **es** im Nominativ bleibt meist stehen. (das → es).
>
> 2. Der Nebensatz mit **daß** steht für einen **Akkusativ** (z. B. ich weiß es). Das **es** im Akkusativ fällt weg.
>
> 3. Der Nebensatz mit **daß** steht für einen **präpositionalen Ausdruck**. Dieser bleibt im Hauptsatz oft stehen (wir warten darauf, daß . . . . .).

Übung 6 *Bilden Sie Nebensätze mit* daß!

| Sie kommen heute zu uns. – Es ist nett, daß Sie heute zu uns kommen. |

1. Ich habe Gisela kennengelernt. **2.** Sie bringen mir Blumen mit. **3.** Wir treffen uns heute. **4.** Sie helfen mir bei meiner Arbeit. **5.** Sie bringen mir das Buch so schnell zurück.

| Er kommt morgen. – Ich weiß, daß er morgen kommt. |

6. Köln ist eine große Stadt. **7.** Die Buchmesse findet in Frankfurt statt. **8.** Ich muß in Mainz umsteigen. **9.** Der Mann hatte eine karierte Jacke an. **10.** Ich darf keinen Kaffee trinken. **11.** An einer Kreuzung muß man langsam fahren.

Übung 7 *Verbinden Sie die Sätze mit* daß!

1. Ich kann nicht mit euch fahren. Das ist schade. **2.** Wir haben heute Peter getroffen. Das war sehr nett. **3.** Robert hat so lange nicht geschrieben. Das ist mir unbegreiflich. **4.** Inge gibt Peter die Telefonnummer. Das gefällt Gisela nicht. **5.** Der Autofahrer hat das Verkehrszeichen wirklich nicht gesehen. Das ist möglich. **6.** Das Wetter wird morgen schön. Ich hoffe es. **7.** Meine Schwester kommt morgen mittag. Meine Mutter hat es geschrieben. **8.** Ihr Zug kommt um 14.32 an. Ich habe es im Fahrplan gelesen. **9.** Ein PKW ist mit der Straßenbahn zusammengestoßen. Fritz hat das erzählt. **10.** Eine Frau wollte über die Straße gehen. Der Fahrer sah es zu spät. **11.** Ich habe Schokolade mitgebracht. Die Kinder haben sich darüber gefreut. **12.** Er muß das Formular sofort zurückschicken. Hoffentlich denkt er auch daran. **13.** Im Urlaub fahre ich zu meinen Eltern an die Nordsee. Sie freuen sich schon darauf. **14.** Inge ist gestern allein ins Kino gegangen. Wir haben uns darüber gewundert. **15.** Helfen Sie diesem armen Mann! Ich bitte Sie darum.

Griesbach (1976), 151-152

_____

_____

_____

_____

_____

_____

_____

_____

_____

_____

_____

_____

_____

Auswertung

Der Text ist ein Bericht in der 1. Person über eine Verkehrskontrolle sowie über einen Unfall und einen Autodiebstahl. Wer hier wem aus welchem Grund berichtet, wird nicht gesagt. Der Text enthält eine Fülle von Nebensatzbeispielen. An einer Reihe von Beispielen wird dann die Regel dargestellt. (1. *daß* für Nominativ, 2. *daß* für Akkusativ, 3. *daß* für präpositionalen Ausdruck). Die Nebensätze mit *daß* stehen in keinem direkten Zusammenhang mit dem Thema des Textes. Das Thema "Der Straßenverkehr" ist im Grunde beliebig austauschbar.

Dem Bewußtmachen der Regel folgen dann zwei Übungen. Der "Satzbauplan" des Nebensatzes ist allerdings schon vorher im gleichen Kapitel ausführlich am Kausalsatz (*weil*) und dem Nebensatz mit Fragepronomen (*Ich weiß nicht, wo er ist.*) geübt worden. Die Übungen 6 und 7 "steuern" beide die Lerner sehr stark: Zuerst müssen sie nach der vorgegebenen Regel Nebensätze bilden (Ü 6), dann müssen sie zwei Hauptsätze zu einem Haupt- und einem Nebensatz umformen (Ü 7). Die Übungen setzen das Verstehen der Regel voraus und verlangen deren korrekte Anwendung. Während die Schüler(innen) bei der Frage nach dem "Konjunktivtyp" über e i n Thema nachdenken konnten, wechselt jetzt der inhaltliche Kontext oft von Satz zu Satz.

Systematik

Sicher haben Sie die Unterrichtssystematik erkannt. Sie ist typisch für die Lehrwerke der Grammatik-Übersetzungs-Methode.

Kontextualisierte Beispiele
(Grammatik wird in Texten "verpackt")

Isolierte Beispiele mit Erklärung
(Beispiele werden aus den Texten herausgenommen)

Erklärung der Struktur
(Regeln werden formuliert und Übersichten gegeben)

Anwendung der Regel in Übungen

Manchmal wird zum Schluß dann noch die Regelanwendung in einer Übersetzung von der eigenen in die fremde Sprache gefordert. Dies hat auch der Methode ihren Namen gegeben. In dem von uns hier untersuchten Lehrwerk ist das nicht der Fall.

Ein Tip für Ihre Praxis: Auf den ersten Blick erkennbar sind Lehrwerke dieser - und jeder anderen Methode - an ihren Übungen. In der *Übungstypologie zum kommunikativen Deutschunterricht* (Neuner u. a. 1981) werden die folgenden charakteristischen Übungstypen für diese Grammatik-Übersetzungs-Methode genannt:

Hinweis

Zitat

> **Übungstypen der Grammatik-Übersetzungs-Methode**
> – Korrekte Sätze nach einer Regel bilden (Regelanwendung);
> – Korrekte Formen einfügen (Lückentext);
> – Sätze nach formalen Grammatikkategorien umformen (vom Aktiv ins Passiv etc.);
> – Übersetzung: von der Muttersprache ins Deutsche; vom Deutschen in die Muttersprache.

Neuner (1981), 11

Typische Übungsformulierungen dieser Methode sind etwa:

- Bilden Sie Konsekutivsätze mit *so daß!*
- Setzen Sie die Perfektformen der Verben ein!
- Setzen Sie die Prädikatsteile an der richtigen Stelle ein!
- Bilden Sie Fragen! usw.

Aufgabe 8

Vergleichen Sie: Gibt es in Fremdsprachenlehrwerken, die Sie verwenden oder gut kennen, ähnliche Übungen? Schreiben Sie einige Formulierungen auf!

Form und Inhalt der Übungen werfen eine Reihe von Fragen auf. Können die Lerner wirklich nach einer Reihe von stark gesteuerten Einzelsatzübungen die neue grammatische Struktur auch frei gebrauchen? Müssen alle Grammatikübungen in dieser Form, d.h. der Regelanwendung in isolierten Einzelsätzen ohne thematischen Zusammenhang, präsentiert werden oder gibt es Alternativen?

Zu welchen Problemen diese Form der Übungsgestaltung führen kann, verdeutlicht das folgende Beispiel:

In dem bereits genannten bekannten Lehrwerk dieser Methode fanden wir die folgende Übungsvorgabe zum Passiv:

Beispiel

Bilden Sie mit den folgenden Sätzen das Passiv! Achten Sie auf die Zeiten (Präsens, Präteritum, Perfekt, Futur)!

In einem Seminar mit deutschen und ausländischen Lehrern zur Didaktik der Grammatik baten wir die Teilnehmer, den Beispielsatz 18 dieser Übung umzuformen. Der Satz heißt:

> ***Er hat es sicher nicht machen können.***

Griesbach (1955), 116

Schweigen. Versuche: *Es hat sicher nicht gemacht werden können.* Ein chinesischer Deutschlehrer formuliert schließlich beim ersten Versuch die richtige Lösung.

Die Beispielsätze 15 (*Ihr wollt sie sicher gern in Ruhe lassen.*) und 13 (*Du hast sie ihm vorstellen sollen.*) bereiteten dann ebenfalls einigen Teilnehmern Probleme.

Fazit

Das Beispiel zeigt: Sogar wenn man eine Grammatikstruktur eigentlich "im Schlaf" beherrscht - davon kann man zumindest bei den deutschen Teilnehmern ausgehen - , ist man noch lange nicht in der Lage, sie in jedem Übungssatz sofort zu verwenden. Der Grund dafür liegt auch in der Tatsache, daß der Übungssatz praktisch kontextlos ist und man sich oft schwer vorstellen kann, in welchem inhaltlichen Zusammenhang ein solcher Satz Sinn machen würde.

Zusammenfassend kann man das Lehrwerk dieser Methode so beschreiben:

Charakteristik

Das wichtigste Lernziel ist immer die Vermittlung des Sprachsystems. Die Lerner sollen Regeln formulieren und anwenden können. Ziel aller Überprüfungen des Lernfortschritts ist logischerweise dann auch der Nachweis der Grammatikkenntnisse. Am Anfang einer Lektion werden zunächst neue Strukturen im Textzusammenhang verwendet. Anschließend werden sie als Teil eines Regelsystems präsentiert und erklärt. Danach folgen die Übungen.

Soweit die sichtbaren Gemeinsamkeiten der Lehrwerke dieser Methode. Natürlich gibt es auch Unterschiede. Sie ergeben sich vor allem aus...

> ... unterschiedlichen organisatorischen und curricularen Rahmenbedingungen des Deutschunterrichts in verschiedenen Ländern bzw. Institutionen,

> ... verschiedenen technischen Vorgaben und ökonomischen Bedingungen in der Lehrwerkproduktion,

> ... individuellen Faktoren, zum Beispiel der "Handschrift" der Autoren.

Die Präsentations- und Übungsformen zur Grammatik bestimmen praktisch auch den Ablauf des Unterrichts vor.

Positive und negative Konsequenzen eines solchen Unterrichts können aus vielen Erfahrungen heraus so beschrieben werden:

Viele Schüler können mit der abstrakten Metasprache der Grammatik gut umgehen. Sie haben dies vielleicht schon im muttersprachlichen Unterricht gelernt. Vielleicht entspricht dieses kognitive Arbeiten auch der Lerntradition ihres Landes oder ihrer Kultur. Schüler, die ohnehin auch in anderen Fächern schnell und systematisch lernen, haben mit dieser Methode kaum Probleme. Ihnen bringt dieser Unterricht rasche

Einsichten in das Sprachsystem der Fremdsprache. Mehr noch, die Transparenz des Unterrichtsziels hilft ihnen beim Vergleichen und Einordnen von neuen Grammatik-Informationen. Die Schüler kennen jederzeit das Unterrichtsziel. Sie wissen, was von ihnen erwartet wird, nämlich grammatisch korrekte Sätze.

So weit so gut. Was machen aber die Lerner mit einer weniger kognitiv geprägten Lerntradition, Lerner mit einem weniger geschulten oder kulturell anders geprägten Abstraktionsvermögen? Die Tatsache, daß vor jedem Satz zunächst die Regel bearbeitet werden muß, nach der der Satz sich zu richten hat, die Tatsache, daß also Regelkenntnis die Voraussetzung einer Äußerung und eigentliches Unterrichtsziel ist, hat auf ihren Lernerfolg negative Wirkungen. Aus Furcht, sie könnten etwas falsch machen und damit auch einen Gesichtsverlust in der Gruppe erleiden, schweigen sie oft bei solchen Fragen, die nur e i n e richtige Lösung zulassen.

Insgesamt kann man feststellen: Wer mit dieser Methode gelernt hat, verfügt oft über ein differenziertes Regelwissen in der fremden Sprache, kann aber oft nur wenig sprechen und macht im Vergleich zu seiner guten Regelkenntnis häufig erstaunlich viele Fehler in einem Alltagsgespräch. Wer auf diese Weise eine Sprache gelernt hat, hat auch gelernt, Lehrwerktexte als inhaltlich bedeutungslos einzuschätzen und in ihnen gleich nach der "verpackten" Grammatik zu suchen. Psychologisch negativ für die Lernmotivation ist auch: Die Lerner sind ständig gezwungen, sich mit einem meist unerreichbaren Modell - der Sprache des Buches - auseinanderzusetzen. Die Frage, die sich eigentlich nur stellt, ist: Wie viele und welche Fehler machen sie bei der Kopie dieses Modells? Hieran allein wird Leistung definiert. Für den schwächeren Schüler, dem die fremde Sprache vielleicht sogar Spaß macht, der aber viele Fehler macht, ist in diesem System eigentlich kein Platz. Diejenigen ausländischen Kolleginnen und Kollegen, die oft von eigenen guten Erfahrungen mit dieser Methode berichten, waren meistens selbst sehr gute Schüler und Schülerinnen oder hatten schon vorher viel Erfahrung mit dieser Form des Lernens.

Unter anderem waren es die beschriebenen Lernprobleme, die zur Entwicklung methodischer Alternativen führten, die wir nun beschreiben möchten.

3.2 Sprachen lernen ohne Grammatik – die Lehrwerke der audiolingualen / audiovisuellen Methode

Damit Sie die unterschiedlichen Methoden besser vergleichen können, haben wir auch hier das Grammatikthema "Nebensätze mit *daß*" gewählt. Sie können nun auf der Basis ihrer Arbeit mit dem Kapitelteil 3.1 Vergleiche ziehen.

Aufgabe 9

Sehen Sie sich das folgende Beispiel aus dem Lehrwerk von Braun,K. u.a. Deutsch als Fremdsprache *von 1967 an!*

Vergleichen Sie zunächst nur die gewählte Thematik, die gewählten Textsorten (Zeitungsartikel, Bericht oder Dialog usw.) und die Sprache (Schriftsprache oder gesprochene Sprache) in beiden Lehrwerkkapiteln!

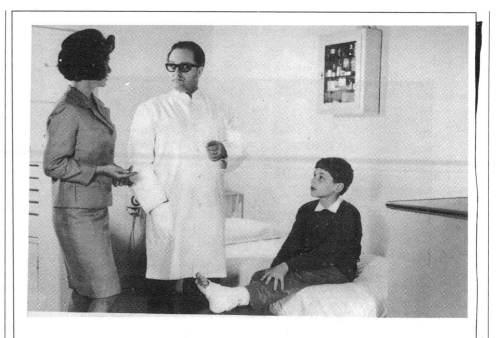

17 Beim Arzt

Stefan hat sich den Fuß verletzt und kann nicht gehen. Frau Hartmann hat ihn
zum Arzt gebracht. Dr. Wagner untersucht ihn. Er kann aber nicht feststellen,
ob der Fuß gebrochen ist oder nicht. Darum muß er den Fuß durchleuchten.

Dr. Wagner: Ein Glück, daß der Knöchel nicht gebrochen ist.
Stefan: Muß ich liegen, Herr Doktor?
Dr. Wagner: Eine Woche mindestens.
Stefan: Gut, daß keine Ferien sind!
Dr. Wagner: Wir werden sehen, daß du bald wieder gesund wirst.
Frau Hartmann: Sagen Sie mir bitte, was ich tun muß.
Dr. Wagner: Sorgen Sie nur dafür, daß er das Bein ruhig hält,
                und rufen Sie mich morgen an, wie es ihm geht.
Frau Hartmann: Ist recht, Herr Doktor, und vielen Dank!
Dr. Wagner: Auf Wiedersehen, Frau Hartmann! Und gute Besserung,
                mein Junge!

Stefan hat sich den Fuß verletzt.
Dr. Wagner untersucht ihn,
kann aber nicht feststellen,
ob der Fuß gebrochen ist oder nicht.

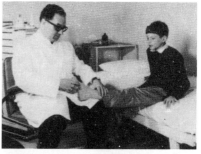

Der Doktor hat den Fuß geröntgt
und sagt:
Es ist ein Glück,
daß der Knöchel nicht gebrochen ist.

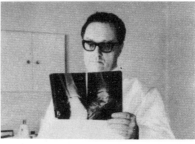

Braun (1967), 92-93

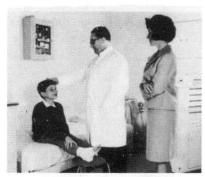

Stefan meint, es ist gut,
daß keine Ferien sind.
Der Arzt will sehen,
daß Stefan bald wieder gesund wird.

Frau Hartmann fragt Dr. Wagner,
was sie tun muß.
Sie will ihn anrufen und sagen,
wie es Stefan geht.

Braun (1967), 93

_____

_____

_____

_____

_____

_____

_____

_____

_____

_____

_____

Der Text "Der Straßenverkehr" in Kapitel 3.1 schien ein deskriptiver Text mit einem Ich-Erzähler zu sein. Ein wirklich zusammenhängender Text war es aber nicht, eher eine Beispielsammlung zur Grammatik.

Der Text "Beim Arzt" ist nun ein Dialog mit einer kurzen Einleitung sowie nachfolgenden Kurztexten zu vier Fotos, die jeweils eine zu lernende Struktur noch einmal isoliert präsentieren. Die Verwendung des Nebensatzmusters erscheint in der vorgegebenen Situation "Beim Arzt" nicht immer nötig. Sie wirkt manchmal sogar ein bißchen komisch (z. B. _Wir werden sehen, daß_ ...). Ganz sicher hat der Nebensatz mit _daß_ bei einem wirklichen Arztbesuch nicht die Bedeutung, die etwa die Vokabeln zu den Körperteilen oder die sprachlichen Mittel zum Beschreiben von Schmerzen haben.

Blättern Sie nun noch einmal zurück und schauen Sie sich das Arbeitsblatt von Aufgabe 5 noch einmal an. Analysieren Sie das Lehrwerkbeispiel beson-ders im Hinblick auf die Punkte 7 (Vorkenntnisse), 8 (Lerneraktivitäten), 9 (Lehreraktivitäten) und 10 (Unterrichtsphasen)!

1 Bitte ergänzen Sie:

Ich komme.	Er sagt, daß er kommt.
Ich bleibe.	Er sagt, ...
Ich gehe mit.	Er sagt, ...
Ich rufe dann an.	Er sagt, ...
Ich muß noch arbeiten.	Er sagt, ...
Kommt ihr?	Er fragt, ob wir kommen.
Bleibt ihr hier?	Er fragt, ...
Geht ihr ins Kino?	Er fragt, ...
Ruft ihr noch an?	Er fragt, ...
Könnt ihr kommen?	Er fragt, ...

2 Verbinden Sie die Sätze mit „daß" oder „ob":

Ich frage: Ist er da?	Er fragt, ob er da ist.
Ich glaube, sie ist krank.	Er glaubt, ...
Ich meine, wir haben noch Zeit.	Er meint, ...
Ich frage: Seid ihr morgen zu Haus?	Er fragt, ...
Ich denke, wir können das machen.	Er denkt, ...

3 Wiederholen Sie die Übung. Beginnen Sie „Er hat gefragt, ob er da ist".

4 Bitte antworten Sie „Ich weiß nicht, ...":

Wann kommt er?	Ich weiß nicht, wann er kommt.
Wohin geht er?	Ich weiß nicht, ...
Was macht sie?	Ich weiß nicht, ...
Warum schreibt sie nicht?	Ich weiß nicht, ...
Wie lange bleibt er?	Ich weiß nicht, ...
Was hat er gesagt?	Ich weiß nicht, ...
Wo bleiben sie denn?	Ich weiß nicht, ...

5 Wiederholen Sie die Übung. Beginnen Sie „Wann er kommt, weiß ich nicht".

Braun (1967), 94

_____

_____

_____

_____

_____

_____

_____

_____

_____

_____

_____

| _____

_____

_____

_____

_____

_____

_____

_____

_____

_____

_____

_____

_____

_____

Zwischen dem Beispiel für die Grammatik-Übersetzungs-Methode und diesem Lehrwerkbeispiel sind zwei wesentliche Unterschiede festzustellen: die Wahl der Textsorte und die Form der Übungen. Hier die Dialoge, dort der Erzähltext. In den Übungsanweisungen wird keine grammatische Terminologie verwendet. Sie sind leichter zu verstehen als im ersten Lehrwerkbeispiel. Vorgegebene Beispiele helfen den Lernern. Auf diese Weise variieren die Lerner die Satzmuster. Die Regel müssen sie nicht formulieren können. Die schon zitierte *Übungstypologie zum kommunikativen Deutschunterricht* von Neuner/Krüger/Grewer (1981) nennt die folgenden Übungstypen charakteristisch für diese Methode:

Zitat

Übungstypen der audiovisuellen Methode
- pattern drills (in vielen Variationen);
- Satzschalttafeln;
- Substitutionsübungen;
- Ergänzungsübungen (Lückentexte etc.);
- bildgesteuerte Einsetzübungen/Dialogübungen;
- Reproduktion und Nachspielen von Dialogszenen;
- Umformungsübungen;
- Satzbildung aus Einzelelementen.

Neuner (1981), 12

Aufgabe 11

Sie haben nun jeweils eine Liste mit den wichtigsten Übungstypen der Grammatik-Übersetzungs-Methode und der audiolingual/audiovisuellen Methode. Vergleichen Sie mit den Lehrwerken, die Sie kennen: Welche Übungstypen dominieren dort? Kann man das Lehrwerk nach seinen Übungstypen einer bestimmten Methode zuordnen?

_____

_____

_____

_____

_____

_____

_____

_____

_____

Die Unterschiede zwischen den beiden untersuchten Lehrwerken sind nicht zufällig. Sie sind das Produkt einer Entwicklung in den Bereichen der Psychologie, der Pädagogik und der Sprachwissenschaft vor allem in den 60er Jahren, die sich auf die Methoden des Fremdsprachenunterrichts sehr direkt ausgewirkt haben.

Dieser Teil der Methodengeschichte wird ausführlich in einer Studieneinheit zu den *Methoden des fremdsprachlichen Deutschunterrichts* von Gerhard Neuner und Hans Hunfeld dargestellt. Wir wollen sie hier nur ganz kurz skizzieren. Wenn Sie eigentlich mehr an praktischer Grammatikarbeit interessiert sind, können Sie den Exkurs auch überspringen.

Exkurs: Die Grundlagen audiolingual / audiovisueller Lehrwerke

Theoretischer
Exkurs

Wie in den zitierten Beispielen steht bei den Lehrwerken der audiolingual / audiovisuellen Methode die dialogische Sprechfertigkeit der Lerner im Mittelpunkt. Die Textsorte, die man am meisten in diesen Lehrwerken findet, ist der Dialog. Erstes und äußeres Kennzeichen der Lehrwerke ist die Ausweitung des Materialangebots. Bei den Lehrwerken der Grammatik-Übersetzungs-Methode gab es keine Notwendigkeit, über ein Tonband hinaus, das authentische Intonationsmuster vorgeben konnte, Zusatzmedien anzubieten. Bei den Lehrwerken der audiolingual / audiovisuellen Methode kommen nun Arbeitsbücher, Tonkassetten, Bildtafeln, Dias oder Sprachlehrfilme hinzu.

Der Grund dafür liegt einerseits in den Entwicklungen der Bezugswissenschaften des Fremdsprachenunterrichts, der Psychologie, der Pädagogik und der Linguistik, andererseits in den technischen Entwicklungen der 60er Jahre.

Die Konzentration der Linguistik auf die gesprochene gegenüber der geschriebenen Sprache bedeutete, daß der Dialog die vorwiegende, oft sogar die einzige Textsorte in den Lehrbüchern wurde.
Für die beschreibende Sprachwissenschaft ist die Substitution ein wichtiges Analyse-

instrument. Durch das Ersetzen eines Wortes kann man seine Merkmale im Vergleich mit anderen Wörtern bestimmen.

Ein einfaches Beispiel:

Beispiel

Das Haus / besteht / aus / rotem / Sandstein.

Das Wort *besteht* kann ersetzt werden durch *ist*, aber nicht durch das Wort *die Mauer*. Das bedeutet: *besteht* und *ist* gehören also einer gemeinsamen Wortklasse an. *Das Haus* ist ersetzbar durch *das Denkmal*, nicht aber durch *rot* usw...

Aus diesem Grund wurde auch in den Lehrwerken dieser Methode dieser Übungstyp sehr häufig, manchmal ausschließlich verwendet.

In der psychologischen Forschung gewinnt seit den 30er Jahren eine Richtung an Bedeutung, die die Auffassung vertritt, daß Sprache nicht durch Einsicht und Regelanwendung erworben wird, sondern durch Nachahmung, durch Verallgemeinerung (Generalisierung) bzw. durch Unterscheidung (Diskriminierung).

Ein einfaches Beispiel aus dem Erstspracherwerb:

Beispiel

Ein kleines Kind gibt im ersten Lebensjahr eine ganze Reihe noch undifferenzierter Laute von sich. Viele Laute führen zu keinen Reaktionen der Erwachsenen, werden dann vielleicht nur einmal produziert und von dem Kind wieder vergessen. Bestimmte Lautkombinationen aber, zum Beispiel *Mamama,* führen dazu, daß sich die Mutter dem Kind zuwendet. Das Kind erfährt für diese Lautkombination also eine Belohnung. Diese Laute werden deshalb öfters als andere Laute angewendet werden. Sie wurden positiv verstärkt. Eine Reiz-Reaktions-Verbindung (Laut + Verstärkung) ist entstanden.

Auch diese Theorie, der B e h a v i o r i s m u s , hat Konsequenzen für den Fremdsprachenunterricht: Nicht Regeleinsicht und Regelanwendung sollten trainiert werden, sondern Reiz-Reaktionsketten sprachlichen Verhaltens. Das heißt: Der Lehrer oder elektronische Medien setzen Impulse, die Schüler reagieren. Die Impulse können dabei aus Bildern, Sätzen vom Tonband oder aus akustischen Signalen bestehen. Ist die Reiz-Reaktions-Verbindung hergestellt, genügen gelegentliche "Intervallverstärker", um das gewünschte Sprachverhalten aufrechtzuerhalten. Das Aufbauen von fremdsprachlicher Kompetenz ist damit in einem Verhaltens-Trainingsprogramm festzuschreiben, das Ziele des Spracherwerbs definiert und Stufen auf diesem Weg festlegt. Einsicht in das Regelinventar der fremden Sprache ist dabei nicht nötig. Sie kann sogar hinderlich sein.

In dieser Forderung nach kontrollierbaren Verhaltens-Trainingsprogrammen trafen sich die Behavioristen mit Forderungen der Pädagogik der frühen 60er Jahre:

- Lernzielorientierung und
- Objektivierung bis hin zur
- Programmierung

Die technischen Innovationen der 50er und 60er Jahre ergänzten geradezu ideal die geschilderten Entwicklungen in Pädagogik, Linguistik und Psychologie, vor allem das Sprachlabor. Es schien ein ideales, weil objektives und programmierbares Trainingsinstrument zu sein, beispielsweise als Impulsgeber und Korrektor bei Substitutionsübungen.

Bewertung

Ein Vorteil des audiolingualen / audiovisuellen Fremdsprachenunterrichts lag vor allem in der Tatsache, daß die Sprachlerner nun sehr schnell auch ohne Kenntnis komplizierter Regeln im Anfangsunterricht korrekte Sätze produzieren konnten. Das heißt: Sie imitierten Sätze. Auch komplizierte Strukturen konnten durch die Wahl von Übungsformen, die keine grammatische Regelkenntnis voraussetzten, von den Lernern rasch angewendet, das heißt nachgesprochen und abgewandelt werden - eine Tatsache, die die Lehrwerke dieser Methode bei Lehrern und Lernern oft sehr populär machte. Außerdem führte das größere, multimediale Materialangebot zu einem abwechslungsreicheren Unterricht.

Problematisch war andererseits aber, daß die Lerner selbst eigentlich hier nur noch als Objekte, mehr noch als gesteuerte Objekte des Lernprozesses ins Blickfeld kamen.

Ein weiteres Problem kam hinzu: Wurde der gesamte Spracherwerbprozeß in dieser Methode organisiert, so wurde denjenigen Lernern, die etwa aus dem Muttersprachenunterricht gewohnt waren, durch Regeleinsicht und -anwendung kognitiv zu lernen, eine wichtige Lernhilfe verwehrt. Individuelle Lernwege und -bedürfnisse konnten im Rahmen dieser Konzeption kaum berücksichtigt werden. Das Lehrbuch steuerte gleichzeitig den Unterrichtsverlauf. Lehrer und Schüler "funktionieren" nur im Sinne des vorgegebenen Programms. Ein großer Teil der Unterrichtsvorbereitung und damit auch der Verantwortung für den Unterricht wurde damit praktisch vom Lehrer weg ins Lehrprogramm verlagert.

Ein anderes Problem entstand auf der Ebene der Lehrwerkkonzeption und ist gerade bei dem zitierten Beispiel aus dem Lehrwerk *Deutsch als Fremdsprache* sehr deutlich: Von ihrem Anspruch her gingen die Lehrwerke zunächst von Alltagssituationen (Beim Arzt / Am Bahnhof / etc.) aus und präsentierten alltagssprachliche Dialogelemente zu diesen Situationen. Tatsächlich konnte aber gleichzeitig der Anspruch der Vermittlung einer systematischen Grundgrammatik des Deutschen nicht aufgegeben werden - wenn diese Grundgrammatik auch in den Inhaltsverzeichnissen - wie gezeigt - nun nicht mehr systematisch aufgeführt war. Dies führte dazu, daß einzelne Grammatik-Themen doch wieder in den Alltagssituationen dominierten. Auch bei dem hier abgedruckten Beispiel (S. 37) passen die Nebensätze mit *daß* eigentlich nicht zur Situation.

Den Vorteilen, die diese Methode im Vergleich zur Grammatik-Übersetzungs-Methode vor allem im Unterricht mit Schülern bietet, die weniger kognitive Lernverfahren bevorzugen, stehen also auch eine Reihe gravierender Nachteile gegenüber.

3.3 Das Ende der Methoden-Monopole – die Lehrwerke des kommunikativen Ansatzes

In vielen Lehrwerken sind Ende der 70er und Anfang der 80er Jahre Versuche erkennbar, die geschilderten Schwächen von rein audiolingual / audiovisuellen oder rein grammatisch orientierten Curricula zu kompensieren.

Neben solchen Veränderungen in Lehrwerken und Konzeptionen, die sich aus Praxiserfahrungen ergaben, kam ein großer Innovationsimpuls, aber wieder, wie schon bei der Entstehung der audiolingualen / audiovisuellen Methode, aus Entwicklungen in der Sprachwissenschaft und in anderen Wissenschaftsgebieten, etwa in der soziologischen Kommunikationsforschung.

Wir beginnen zunächst wieder mit einem Lehrwerkbeispiel und haben auch hier die Einführung der Nebensätze mit *daß* gewählt.

A: Blättern Sie zurück und lesen Sie nochmals die Anregungen zur Lehrwerk-analyse *durch!*

B: Untersuchen Sie nach diesen Anregungen das folgende Beispiel aus dem Lehrwerk Deutsch konkret*!*

C: Vergleichen Sie dann mit den anderen Lehrwerkbeispielen in Kapitel 3.1 und 3.2! Was ist gleich? Was ist anders?

1

Ich heiße Bettina Gleim. Ich wohne in Ronshausen und bin 13 Jahre alt.

Mein Name ist Matthias Heinemann, und ich wohne in Eschwege.

Die Familie Gleim hat ein großes Haus und einen Garten, zwei Schweine und eine Kuh. Im Sommer gibt es viel Arbeit. Bettina erzählt, daß ihr Vater bei der Post arbeitet. Ihre Mutter ist Hausfrau. Bettinas Großvater wohnt auch im Haus. Bis 1965 war er auch bei der Post.

Bettina geht in die siebte Klasse der Hauptschule Ronshausen. Sie findet, daß Deutsch und Mathe Spaß machen.

Bettina hat ein eigenes Zimmer und einen Schreib-tisch. Sie macht hier Hausaufgaben. Am Nachmittag trifft sie oft Claudia und Silke. Sie spielen dann Tischtennis oder sitzen im Garten. Bettina hat eine Schwester, Waltraud. Waltraud ist 18. Sie hat einen Freund und ist oft nicht zu Hause.

Die Eltern von Matthias haben eine Wohnung in der Marktstraße. Sein Vater arbeitet in einer Fabrik. Seine Mutter arbeitet im Supermarkt an der Ecke.

Matthias findet es nicht gut, daß er keinen Bruder hat. Aber er hat viele Freunde.

Matthias geht auf das Friedrich-Wilhelm- Gymnasi-um. Er geht in die achte Klasse und ist fast 15. In der Schule hat er oft Probleme: Er sagt, daß er in Mathe eine 5 hat.

Die Hausaufgaben macht Matthias im Wohnzimmer. Sein Zimmer ist sehr klein. Er spielt oft Fußball mit Dirk, Jens und Uwe. Im Sommer gehen sie auch schwimmen.

Matthias sagt, daß er im Juli mit Dirk und Jens nach Italien fahren möchte. Sie wollen campen. Aber er fürchtet, daß er das nicht darf.

Ich schreibe auch gern Briefe. Meine Brieffreundin Janet wohnt in Knaresborough in England.

Meine Eltern sagen, ich soll zu Hause bleiben und lernen.

10

Neuner (1984), 10

1. Nebensätze mit "daß"

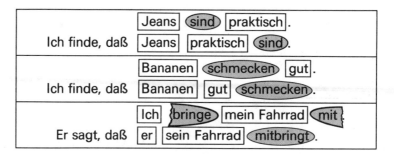

	Jeans	(sind)	praktisch	.
Ich finde, daß	Jeans	praktisch	(sind)	.

	Bananen	(schmecken)	gut	.
Ich finde, daß	Bananen	gut	(schmecken)	.

	Ich	(bringe)	mein Fahrrad	(mit) .
Er sagt, daß	er	sein Fahrrad	(mitbringt)	.

2. Direkte und indirekte Rede

" Ich komme aus Frankreich."

Er sagt, daß er aus Frankreich kommt.
Sie   sie

" Wir kommen aus Frankreich."

Sie sagen, daß sie aus Frankreich kommen.

"Das ist mein Buch."

Er sagt, daß das sein Buch ist.
Sie   ihr

"Das ist unser Buch."

Sie sagen, daß das ihr Buch ist.

13

Neuner (1984), 13

Ü16 Wie findest du Jeans?

Ich finde, daß Jeans eine Schuluniform sind.

Ich	find	e, et,	daß .....
Er			
Sie	mein	e, t,	

Jeans sind schick.

Curry-Ketchup schmeckt furchtbar!

.....

Man braucht eine Schuluniform!

Bananen schmecken fantastisch.

Jeans sind eine Schuluniform.

Bahnfahren macht Spaß.

Trampen macht Spaß.

.....

Schinken-Nudeln schmecken ausgezeichnet.

Ü17 Wie findest du Biologie?

Ich finde, daß Biologie nicht interessant ist.

Physik

Mathematik

Biologie

Schifahren

Tischtennis

Englisch

..... macht (keinen) Spaß.
..... ist (nicht) langweilig.
..... ist (nicht) interessant.

Tanzen

.....

.....

Ü18 Luisa: "Deutsch konkret" +   Franco: "Deutsch konkret" −

Luisa sagt, daß sie "Deutsch konkret" gut findet.

Franco sagt, daß ...

..... Tanzen:
..... Schwimmen: **+**
..... Trampen:
..... Arbeiten:

..... Tanzen:
..... Schwimmen: **−**
..... Trampen:
..... Arbeiten:

Neuner (1984), 14

Die im Lehrbuch abgedruckten Texte sind kurze Zusammenfassungen eines Interviews mit den beiden Jugendlichen. Einige Äußerungen werden hier in der indirekten Rede wiedergegeben. Die tabellarische Übersicht zum Nebensatz mit *daß* macht den Schülern nicht nur die Form des Nebensatzes (Endstellung des Verbs) deutlich, sondern auch zwei wesentliche Anwendungsbereiche des *daß*-Satzes: die indirekte Rede, das heißt die Wiedergabe von Äußerungen einer dritten Person, beispielsweise bei einer Übersetzung, und die Meinungsäußerung (*Ich finde, daß...*). Der Text über das Interview unterscheidet sich von der in 3.2 zitierten Arztsituation: Hier werden die *daß*-Nebensätze nicht in einem Dialog gebraucht, sondern in der Wiedergabe eines Dialogs. Die Lerner müssen hier weder die Beispielsätze eines Mustertextes wiederholen und einüben noch eine Struktur in kontextlosen Einzelsätzen reproduzieren. Alle Übungssätze sind so gewählt, daß die Lerner sich als sie selbst äußern können. Das bedeutet: Sie formulieren Sätze, die für sie auch eine inhaltliche Bedeutung haben, Sätze, die sie in gleicher Weise auch außerhalb des Unterrichts verwenden könnten.

Zur Darstellung der Grammatik: Die zwei Übersichten haben unterschiedliche Funktionen. In der ersten Satztabelle wird mit den graphischen Signalen Oval und Rechteck die Verbstellung des Nebensatzes verdeutlicht. Die zweite Übersicht hat mehrere Funktionen. Zuerst wird die Anwendung von *daß*-Sätzen in der indirekten Rede graphisch deutlich gemacht. Dazu dient auch die Zeichnung. Dann wird ein grammatisches Problem bei der Übertragung von Äußerungen in direkter Rede in die indirekte Rede aufgegriffen: die Veränderung der Pronomen von der ersten zur dritten Person.

Da es keine einheitliche Theorie des kommunikativen Fremdsprachenunterrichts gibt, kann man auch hier nicht - wie in den vorigen Kapitelteilen - von einem Lehrwerkbeispiel sprechen, das für diese Methode typisch ist. Wir können aber an diesem Beispiel fünf Prinzipien für einen kommunikativen Grammatikunterricht festhalten:

a) Grammatik als Werkzeug für sprachliches Handeln

Die grammatische Struktur wird nicht einfach ohne Begründung eingeführt und geübt. Das Lehrwerk zeigt dem Lerner nicht nur, wie eine Struktur gebildet wird, sondern auch, wozu man die gelernte Struktur besonders häufig braucht, in welchem Kontext man sie besonders oft verwendet. Auf diese Weise wird der Stellenwert der Grammatik verändert. Sie wird hier als Werkzeug gesehen, mit dem man (sprachlich) etwas *tut* - in unserem Beispiel wird eine Struktur zur Redewiedergabe bzw. zur Einleitung einer Übersetzung benutzt. Die Grammatik ist auf diese Weise nicht nur Selbstzweck, sondern ein Mittel zum Zweck: ein "Werkzeug" zur Sprachproduktion.

b) Äußerung und Text als Gegenstand der Sprachbeschreibung

Folgt man diesem Gedanken, dann reicht die grammatische Analyse auf der Ebene von Wörtern und Sätzen hier nicht aus. Die Äußerung und der gesamte Text werden ebenfalls Gegenstand der Sprachbeschreibung.

Im Wartezimmer eines Arztes möchten Sie einen anderen Patienten bitten, Ihnen eine Zeitschrift zu geben. Was können Sie sagen? Schreiben Sie mehrere Möglichkeiten auf:

_____

_____

_____

_____

_____

_____

_____

_____

_____

_____

_____

_____

_____

_____

_____

_____

_____

_____

_____

_____

_____

Auswertung

Alle Äußerungen, die im Lösungsschlüssel genannt werden, sind unterschiedlich. Es werden oft, aber nicht ausschließlich, Modalverben verwendet. Hinzu kommen Konjunktivformen und Fragesätze. Die Äußerungen gehen aber alle von der gleichen Intention aus: *Jemanden um eine Zeitschrift bitten.* Die Beispiele zeigen, daß es keine klare Zuordnung zwischen Intention und verwendeten Grammatikstrukturen gibt. Hier wird es immer viele verschiedene Möglichkeiten geben. Für den Fremdsprachenunterricht sind diese Beschreibungen von Intentionen trotzdem doppelt nützlich:

Zum einen wissen Lerner, wenn sie auch auf die Intention von Äußerungen hingewiesen werden, immer gleich, zu welchem Zweck sie eine Grammatikstruktur verwenden können. Zum anderen bekommen sie im Lehrbuch immer gleich gezeigt, daß es meistens leichtere und kompliziertere Varianten gibt, etwas (zum Beispiel *um etwas bitten*) auszudrücken.

c) Lerner sprechen und handeln in einem sinnvollen Kontext als sie selbst und nicht als Lehrwerkfiguren

3. Prinzip

Erinnern Sie sich an die Beispielsätze aus den Lehrwerken der vorher beschriebenen Methoden? Der Kontext der Übungssätze wechselte oft von Satz zu Satz. Die Lerner sollten sich ganz auf die grammatische Form konzentrieren. Der Inhalt des Satzes war dabei nicht so wichtig. In den Übungen von Lehrwerken der kommunikativen Methode sind die Übungen in der Regel auf einen bestimmten Kontext bezogen. Wie in dem Beispiel zu den *daß*-Sätzen können sich die Lerner auch bei grammatischen Übungen oft als sie selbst äußern und müssen nicht Frau Schaudi oder Herrn Hartmann "spielen".

53

d) Visuelle Lernhilfen

4. Prinzip

In allen Lehrwerken, in denen grammatische Regeln dargestellt werden, finden wir auch eine Reihe von graphischen Hilfen, zum Beispiel die Anordnung von Verben in Tabellen und den **Fettdruck** von Variablen, das heißt sich verändernden Wort- oder Satzteilen. In vielen neueren Lehrwerken werden diese Möglichkeiten stärker genutzt. Statt abstrakter Formen der Visualisierung (**Fettdruck**, <u>Unterstreichung</u>, *Kursivschrift* usw.) oder der formelhaften Visualisierung von Sätzen, z.B.

Beispiel

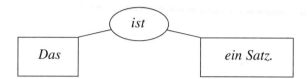

finden wir nun auch anschauliche Zeichnungen, um Regeln deutlich zu machen, wie das auf Seite 50 abgedruckte Beispiel zeigt.

Mehr Beispiele zur Visualisierung von Grammatikregeln und einige Vorschläge für Ihre Unterrichtspraxis finden Sie übrigens in Baustein 2.

e) Berücksichtigung der Muttersprache

5. Prinzip

In der Linguistik gab es in den letzten 20 Jahren viele Untersuchungen und eine Reihe verschiedener Konzepte über den Einfluß der Muttersprache auf den Prozeß des Zweitsprachenlernens. Sicher ist, daß muttersprachliche und fremdsprachliche Kompetenz in einem Zusammenhang stehen und daß schulischer Fremdsprachenunterricht immer auf der Basis der Muttersprache aufbaut. Eine Fremdsprachendidaktik, die dies nicht berücksichtigt und vielleicht sogar strenge Einsprachigkeit fordert, verschenkt eine Möglichkeit, durch bewußte Sprachvergleiche rationeller zu lernen und Fehler zu vermeiden. Lehrwerke des kommunikativen Ansatzes weisen oft auf diese Möglichkeit hin und bieten manchmal auch zweisprachige Materialien (Grammatiken, Glossare, Arbeitsbücher) an.

Beispiel

Das Lehrwerk *Sprachbrücke 1* von Mebus, G. u.a. (1988) regt die Lerner in Kapitel 5 dazu an, über die eigene Sprache und ihr Verhältnis zu Dialekten und den im Lande gelehrten Fremdsprachen nachzudenken. Bei Grammatikerklärungen wird zum Vergleich mit der eigenen Sprache aufgefordert. In den zweisprachigen Glossaren werden zu den Übersetzungen noch muttersprachliche Lernhilfen gegeben, wie im englischen Glossar (siehe Seite 55).

Am Beispiel dieses Lehrwerks können wir erkennen:
Die Verwendung der Muttersprache im Grammatikunterricht hat nicht nur linguistische oder "ökonomische" Gründe (muttersprachliche Erklärungen gehen schneller), sondern vor allem pädagogische Gründe. Kommunikativer Unterricht heißt, den Unterricht an den Erfahrungen, Interessen und Bedürfnissen der Lerner zu orientieren. Diese Erfahrungen sind in der Muttersprache gemacht und mit ihr verbunden. Die Erfahrungen von Lernern ernst nehmen und in den Unterricht einbeziehen, heißt also auch, ihre Sprache ernstzunehmen und einzubeziehen. Dies gilt auch für grammatische Kenntnisse und Erfahrungen aus dem Muttersprachenunterricht.

Sicher ist all dies keine komplette Beschreibung der Grammatik in kommunikativen Lehrwerken. Wenn wir uns die Lehrwerke ansehen, dann finden wir eine große Zahl von Varianten und gelungenen und weniger gelungenen Experimenten. Die Punkte, die wir in diesem Abschnitt aufgezählt haben, unterscheiden Lehrwerke des kommunikativen Ansatzes aber deutlich von den Lehrwerken anderer Methoden.

	die Zahl, -en	number
A 9	der Architektenᵢwettbewerb, -e	competition for architects
	zeichnen (du zeichnest, er zeichnet)	*here:* design, plan; sketch, draw
	die Klasse, -n	class
	Stellen Sie es in der Klasse vor!	Present it to the class.
B 1	die Kardinalᵢzahl, -en	cardinal number(s)
	Zählen Sie bitte weiter!	Please carry on counting.
	zählen	to count
	weiterᵢzählen	to count on further
	die Million, -en	million
	römische Zahlen	Roman numerals
	arabische Zahlen	Arabic numerals
B 2	die Hausᵢnummer, -n	house number
	die Telefonᵢnummer, -n	telephone number
	die Paßᵢnummer, -n	passport number
	die Kontoᵢnummer, -n	account number
	die Kursᵢnummer, -n	number of the course
	die Bibliotheksᵢnummer, -n	library number
	die Zimmerᵢnummer, -n	room number
	die Personalᵢnummer, -n	personal identity number *(In countries where people carry identity cards.)*
	die Steuerᵢnummer, -n	tax number *(Each person's personal number on all papers dealing with tax.)*
	die Nummer, -n	number

> In English the word "number" is used generally, whereas in German **Zahl** *is used for counting in single or specific numbers (eg.* meine Glückszahl = my lucky number) *and* **Nummer** *is used for the "whole number" (eg. on a passport, a telephone or a room number).*

Bin ich nur eine Nummer?	Am I only a number?

Jenkins (1989), 22

Ein Schlußwort zur Grammatikarbeit im kommunikativen Deutschunterricht von Hans-Jürgen Krumm:

> *Die deutsche Sprache gilt in vielen Ländern als besonders schwer, gerade wegen ihrer Grammatik. Meine These ist, daß der Grammatikunterricht durch eine stärkere Einbindung in die kommunikativen Unterrichtsphasen und eine stärkere Orientierung an den eigenen systematischen Fähigkeiten der Lernenden viel von seinem Schrecken verlieren kann, ...*

Krumm (1988), 38

4 "Bausteine":
Stichwörter zur pädagogischen Grammatik

B a u s t e i n 1

4.1 Grammatische Progression –
Was kommt zuerst? Was kommt danach?

Ausgangsfragen

Ist dies überhaupt ein Thema für Sprachlehrer? Wird die grammatische Progression, das heißt die Auswahl, Reihenfolge und Gewichtung der einzuführenden Grammatikregeln nicht vom Lehrwerk vorgegeben? Warum sollte sich der Lehrer nicht wenigstens in diesem Punkt an seinem Lehrwerk orientieren dürfen? Wird nicht die Grammatikprogression von der Sprache selbst bestimmt? Darf man da überhaupt Veränderungen vornehmen, ohne die Systematik des Lernprozesses zu gefährden?

Zum Inhalt des Bausteins

All diesen Fragen wollen wir an dieser Stelle nachgehen. Im einzelnen sollen in diesem Abschnitt ...

> ... einige Lehrwerkprogressionen untersucht und verglichen werden,
> ... Kriterien für Progressionsentscheidungen transparent gemacht werden,
> ... konkrete Unterrichtsvorschläge für eine Abänderung von Progressionen gemacht werden
> ... und damit insgesamt Hilfen für eigene Materialerstellung und -bearbeitung gegeben werden.

Übersicht Grammatik in Lehrwerken

Die folgende Übersicht stellt die eingeführten Grammatikthemen aus den jeweils ersten Bänden eines Lehrwerks nebeneinander.

56

Deutsche Sprachlehre für Ausländer (Schulz/Griesbach)	*Sprachkurs Deutsch* (Häussermann)	*Themen* (Aufderstraße u.a.)

Artikel
Verb: Präsens,
Verb: "sein" Personalpronomen
Verb + Adjektiv
Nomen (Substantiv): Singular / Plural / Akkusativ /
Fragepronomen Verb: "haben" Imperativ
Der Satz /
Verb: Präsens der starken Verben
Verb + Vorsilbe / Wortstellung /
Präpositionen: in, nach, bis, über, von
Negation /
Nomen / Dativ
Fragepronomen "wem"
Possessivpronomen /
Präpositionen mit dem Dativ / mit dem Akkusativ
Zeitadverb:
       Wortstellung
Modalverben: Wortstellung
Personalpronomen: Wortstellung
Demonstrativpronomen
Frageadverbien: "wer" / "wo" "wohin"
Präpositionen mit dem Akkusativ und dem Dativ
Der Genitiv
Das Präteritum
       (Imperfekt)
Reflexivpronomen
Perfekt
Formen der starken Verben
Wiederholung und Ergänzung der Deklination
Imperativ
Personalpronomen *"es"*
Präpositionen mit dem Genitiv
Verben legen / liegen, setzen / sitzen, hängen, stecken im Präteritum und im Perfekt
Verben mit Präpositionen
Präpositionen mit Pronomen
Präpositionen mit Pronominaladverb
Adverbien *hin* und *her*
Unbestimmte Pronomen
Wortstellung
Adjektivdeklination
welcher? was für ein? ja-nein-doch
Starke Verbformen
Plusquamperfekt
Nebensätze
Nebensätze mit Fragewörtern
Nebensätze mit *weil*
Nebensätze mit *daß*
Starke Verbformen
Artikeldeklination der Adjektive
Relativpronomen, Relativsätze
	Präsens
	Nominativ: Nomen und Pronomen
	Der Hauptsatz:
	Einige Satzbaupläne
	Bestimmter und unbestimmter Artikel
	Adjektiv im Prädikat
	Adjektiv beim Nomen
	Singular und Plural
	Präsens: Verben auf -ieren
	Verben auf -ten
	Frage und Antwort
	Modalpartikel auch, gern
	Negation: ja - nein - doch
	Ja-Nein-Frage,
	W-Fragen: einige Satzbaupläne
	Akkusativ: Nomen und Pronomen
	Negativer Artikel (kein)
	Possessivum (mein)
	Präsens: haben
	Adjektiv im Prädikat
	Adjektiv beim Nomen
	Modalverben möchten, können, müssen, wollen, dürfen
	Demonstrativum (dieser)
	woher? wo? wohin?
	Präsens: starke und schwache Verben
	Zeitangaben: um / am / im
	Lokalpartikel
	Temporalpartikel
	Hauptsatz: einige Satzbaupläne
	Präsens: trennbare Verben
	ist / war - hat / hatte
	Komparativ
	Dativ: Nomen, Pronomen, Fragewörter
	Verbvalenz: Verb + N, Verb + N + A, Verb + N + D, Verb + N + A + D
	Perfekt mit *ich bin*
	Perfekt mit *ich habe*
	Perfekt: starke und schwache Verben
		Aussagesatz
		Wort- und Satzfrage
		Inversion
		Imperativ
		Konjugation Präsens Singular und 3. Pers. Plural
		Personalpronomen Singular und 3. Pers Plural
		wer? wie? woher?
		Verben und Ergänzungen
		Verben und Angaben
		Modalverb "mögen"
		was? wie lange? wie alt? wo?
		Deklination (Nominativ, Singular, Plural)
		Indefiniter und definiter Artikel
		Definitpronomen der / die / das
		Verben mit Qualitativergänzung
		Deklination (Akkusativ des definiten und des indefiniten Artikels)
		Pluralbildung der Nomen
		Mengenangaben
		Inversion
		Imperativ Singular und Plural
		Verben mit Vokalwechsel
		Verben mit Verbzusatz
		Modalverben können, müssen, mögen
		Präpositionen mit Akkusativ
		Situativergänzung
		Komparation
		welcher? welche? welches?
		Dativergänzung
		Verben mit Dativ- und Akkusativergänzung
		Verben mit Dativergänzung
		Präpositionen mit Dativ / mit Akkusativ Wechselpräpositionen
		Wechselpräpositionen
		Possessivartikel
		Modalverben dürfen, sollen, wollen
		Perfekt mit haben oder sein
		Perfekt regelmäßiger Verben, Sonderformen
		Präteritum von sein und haben

Griesbach (1976), 9-11	Häussermann (1978), V-VI	Aufderstraße (1983), 5-6

Bearbeitung der
Übersicht

*Vergleichen Sie nun die Grammatikprogressionen in den drei Lehrwerken in
bezug auf Gemeinsamkeiten und Unterschiede!*

1. Umfang: *Welches Inhaltsverzeichnis enthält die meisten Einträge zu
grammatischen Regeln? Können Sie dies aus den bisher in diesem Brief
gegebenen Informationen erklären? Vergleichen Sie dazu auch die abgedruckten Inhaltsverzeichnisse (S. 15 ff)!*

_____

_____

_____

_____

_____

_____

_____

_____

2. Terminologie / Schwerpunkte : *Können Sie Unterschiede in den Bezeich-
nungssystemen feststellen? Achten Sie besonders auf die Bezeichnungen
"Ergänzungen", "Präteritum", "Nomen"! Sind Schwerpunkte der einzelnen
Listen feststellbar (Wortarten, Satzbau, Verben etc.)?*

_____

_____

_____

_____

_____

3. Detailvergleich: *Vergleichen Sie nun einzelne Bereiche der Progression!*

a) Tempora: *Machen Sie eine Liste in der Reihenfolge der Einführung!*

Schulz / Griesbach (Dt. Sprachlehre...)

_____

_____

_____

Häussermann (Sprachkurs Deutsch)

_____

_____

_____

Aufderstraße u.a. (Themen)

_____

_____

_____

b) Kasus: *Welche Kasus werden in welcher Reihenfolge eingeführt?*

_____

_____

_____

_____

_____

_____

_____

_____

_____

_____

_____

Übrigens: In welcher Reihenfolge werden die Tempora und die Kasus in dem Lehrwerk eingeführt, das Sie benutzen ?

_____

_____

_____

_____

_____

_____

_____

Aufgabe 15
Gesamtbewertung

Überwiegen im Überblick über den ersten Lehrwerkband eher die Gemeinsamkeiten oder die Unterschiede zwischen den einzelnen Lehrwerken?

Wenn Sie neben diese Lehrbuchprogressionen ein Lehrwerk legen, das Sie aus Ihrer eigenen Praxis kennen - mit welcher Progression wäre es am ehesten vergleichbar? Begründen Sie!

_____

_____

_____

_____

_____

_____

_____

_____

_____

_____

Zweifellos wird im ersten Band der *Deutschen Sprachlehre für Ausländer* (Griesbach, H./Schulz, D.), die in zwei Bänden zum Zertifikat DaF führt, das größte Grammatikpensum absolviert. Dazu paßt, daß in diesem Lehrwerk die grammatische Progression im Vordergrund steht, d. h. grammatische Regeln eingeführt und geübt werden. Eine Progression von Situationen oder sprachlichen Handlungen gibt es nicht. Auch eine Wortschatzprogression ist auf den ersten Blick nicht erkennbar. Trotz des großen Umfangs enthält die Progression auch erstaunliche Lücken. Beispielsweise werden zwar bei den Adjektiven bereits alle attributiven Endungen eingeführt - ein übungsintensives Thema, wie jeder Sprachlehrer weiß - gleichzeitig fehlt aber die für die Sprachverwendung sicher nützliche und gar nicht so schwere Komparation.

Auch an anderer Stelle wird deutlich, daß die mündliche Sprachverwendung bei der Festlegung der Reihenfolge der Strukturen keine Rolle spielte: Präteritum und Genitiv werden zum Beispiel im mündlichen Sprachgebrauch selten verwendet. Im Lehrwerk werden sie lange vor dem häufig gebrauchten Perfekt oder den Nebensätzen mit *daß* eingeführt. Auch auf eine ausgewogene Verteilung schwieriger Strukturen wurde nicht immer geachtet. Um nur ein Beispiel zu nennen: Die Deklination der Nomen und der Imperativ - zwei voneinander unabhängige und lernaufwendige Strukturen - werden im gleichen Lehrbuchkapitel eingeführt.

Die Grammatikprogression des *Sprachkurses Deutsch* (Häussermann, U. u. a.) ist dem gegenüber deutlich "flacher". Das Einbeziehen der Partikel deutet zum Beispiel an, daß hier mehr die gesprochene Sprache berücksichtigt wird. Deshalb bleibt auch der Genitiv zunächst unberücksichtigt. Als erste Zeit wird nicht das Präteritum, sondern das im Alltagssprachgebrauch viel wichtigere Perfekt eingeführt. Auch bei der Behandlung der Verben läßt die Übersicht schon einen Unterschied erkennen. Während bei Schulz / Griesbach die Verben vor allem auf der Wortebene selbst (d. h. Konjugationen, trennbare Verben, starke / schwache Verben) behandelt werden, fällt in der Übersicht zum Lehrwerk von Häussermann auf, daß hier Verben öfter im Zusammenhang mit Satzteilen bzw. Zusatzinformationen genannt werden. Unter dem Stichwort *Verbvalenz* wird beispielsweise dargestellt, welche Kasus jeweils bestimmten Verben folgen müssen und wie viele Ergänzungen bestimmte Verben haben. Das Verb wird also eher im Satzzusammenhang dargestellt.

Das gilt auch für die Grammatikübersicht des Lehrwerks *Themen.* Auch hier wird das Verb nicht nur in bezug auf Vorsilben, Stammvokalwechsel oder Endungen, sondern im Zusammenhang mit seinen Ergänzungen und zusätzlichen Angaben (Zeit, Ort etc.) dargestellt. In bezug auf die Anzahl der thematisierten Grammatikstrukturen unterscheidet sich *Themen* kaum vom *Sprachkurs Deutsch*, eine Tatsache, die aber auch von weltweit einheitlichen Prüfungen beeinflußt wird.

Bei der Einführung der Kasus folgen diese, aber auch die meisten anderen Fremdsprachenlehrwerke sowohl bei den Pronomen als auch bei den Ergänzungen der Reihenfolge: Nominativ - Akkusativ - Dativ. Die Genitivergänzung (Beispiel: *Sie gedachten der Toten.*) wird ohnehin nur von wenigen Verben gefordert und daher erst später thematisiert. Auf Kasus und Tempora soll im folgenden Kapitelabschnitt (*Progressionen verstehen - Progressionen ändern*) noch näher eingegangen werden.

Gesamtbewertung

Vergleicht man die drei Progressionen insgesamt, so wird deutlich, daß trotz aller Unterschiede in bezug auf Schwerpunktsetzung und Terminologie die Gemeinsamkeiten zwischen den Lehrwerken überwiegen - sieht man einmal von dem größeren Umfang der "Schulz / Griesbach - Grammatik" ab. Alle Lehrwerke für "Null - Anfänger" (für Erwachsene und Jugendliche) - man könnte hier noch die Lehrwerke *Deutsch als Fremdsprache, Deutsch konkret* und *Deutsch aktiv* einbeziehen - decken bei aller Unterschiedlichkeit der Bezeichnungssysteme in ihrem ersten Band einen vergleichbaren Grammatikbereich ab: die Wortarten (Nomen, Verben, Adjektive, Präpositionen, Artikel, Pronomen) und Hauptsatztypen (Aussagesatz, Fragesatz -

Wort- und Satzfrage) sowie die Tempora Präsens und Perfekt und die Kasus Nominativ, Akkusativ und Dativ.

Alle eingeführten Strukturen und Regeln haben zwei Dinge gemeinsam: Sie sind in einer Vielzahl von Situationen und sprachlichen Handlungen anwendbar, und sie werden im Deutschen sehr häufig verwendet.

Die Unterschiede zwischen den einzelnen Lehrwerken liegen vor allem im Zeitpunkt der Einführung, das heißt in der Reihenfolge der eingeführten Strukturen.

Abschlußthese

Lehrwerke für den Anfängerunterricht unterscheiden sich also weniger in bezug auf ihren grammatischen Inhalt in einem vergleichbaren Zeitraum als in bezug auf die verwendeten grammatischen Bezeichnungen oder die Reihenfolge der vermittelten Regeln. Das heißt auch: Es gibt keine von der Sprache selbst vorgeschriebene, d. h. "aus der Sache heraus" begründbare Gesamtprogression der Grammatik in einem Lehrwerk. Eine vorgegebene Reihenfolge ist damit auch im Prinzip von Lehrern und Lernern veränderbar, ohne daß dies dem Lernprozeß schadet.

Woraus ergibt sich also die Reihenfolge der Einführung von Regeln und Strukturen? Es gibt vor allem drei Argumente. Wir wollen das am Beispiel der Kasus zeigen.

Kriterium 1

Das sprachsystematische Argument

(Welche Vorgehensweise läßt sich aus dem Sprachsystem selbst ableiten?):

Der Nominativ hat im Satz Subjektfunktion, d.h., er steht in Aussagesätzen (ohne freie Angabe wie z. B. Zeitangaben) an erster Stelle. Fast alle Verben verlangen im Satz eine Ergänzung durch einen Nominativ. Der Nominativ ist damit vor dem Akkusativ der häufigste Fall.

Kriterium 2

Das didaktische Argument

(Was ist leichter? Was ist schwerer? Was ist für Lerner an dieser Stelle bewältigbar?):

Der Nominativ stellt die Lerner zunächst nicht vor Deklinationsprobleme und ist daher am leichtesten zu lernen. Die Abweichungen des Akkusativs von der dann eingeführten Form sind nicht so groß wie die Abweichung des Dativs vom Nominativ. Er ist also leichter zu lernen. Die Reihenfolge Nominativ - Akkusativ - Dativ ist also eine Reihenfolge vom Leichten zum Schweren.

Kriterium 3

Das pragmatische Argument

(Was ist in diesem thematischen Zusammenhang sinnvoll in bezug auf die Sprachverwendung durch die Lerner?):

Erste Äußerungen eines Lerners in der fremden Sprache über sich und den Gesprächspartner - etwa bei Begrüßungen - können im Nominativ erfolgen. Bezieht sich das Gespräch dann auf Gegenstände bzw. auf weitere nicht anwesende Personen, dann werden oft die Kasus Akkusativ und Dativ benötigt.

Damit sind die drei wichtigsten Faktoren, die über den Zeitpunkt der Einführung einer Struktur im Verlauf eines Sprachkurses entscheiden, genannt.

Die Tatsache, daß sich die Lehrwerkautoren in bezug auf die Reihenfolge der Einführung der Kasus (Nominativ - Akkusativ - Dativ) einig sind, läßt sich leicht erklären: Sprachsystematische, didaktische und pragmatische Gründe sprechen für die gleiche Reihenfolge.

These

Vielleicht vermissen Sie an dieser Stelle das Kriterium "Muttersprache". Entscheidet nicht auch die Tatsache, wie stark eine Struktur der fremden Sprache - etwa der Satzbau des Deutschen - von der Muttersprache der Lerner abweicht, über den Zeitpunkt ihrer Einführung im Fremdsprachenunterricht? Unsere Antwort ist: Nein. Die Frage, wie stark eine Regel der fremden Sprache von der Muttersprache abweicht, ob ich größere oder eher weniger Lernprobleme im Unterricht erwarte, beeinflußt die Anzahl und die Form der nötigen Übungen und den nötigen Umfang und die Art der grammatischen

Erklärung. Der Zeitpunkt der Einführung einer Regel wird durch diese Frage nicht bestimmt.

Das beste Beispiel ist der Satzbau. Die Regeln der deutschen Syntax sind für viele Lerner sehr kompliziert, weil sie oft in ihrer Sprache keine Parallele haben. Für türkische Lerner beispielsweise stellen sie wegen der großen Unterschiede der Sprachen ein besonderes Problem dar. Auf den Zeitpunkt der Einführung von Aussage-, Frage- und Nebensätzen mit türkischen Schülern hat all dies aber keinen Einfluß. Nötig sind statt dessen kontrastive und ausführliche Erklärungen und viele Übungen, die speziell die Fehlerquellen thematisieren.

Beispiel

Zurück zu unseren Progressionskriterien. Bei dem "Kasusbeispiel" führt eine Berücksichtigung der drei beschriebenen Kriterien, die über den Zeitpunkt der Einführung einer Grammatikstruktur im Unterricht entscheiden, zum gleichen Ergebnis und in der Konsequenz zu einer relativ großen Übereinstimmung zwischen den Progressionen der Lehrwerke. Häufiger aber kommt man dabei zu abweichenden Ergebnissen. Ein Beispiel hierfür sind die Tempora.

Weiterführung

Unter sprachsystematischen Gesichtspunkten wurden in Anlehnung an die lateinische Schulgrammatik in den muttersprachlichen Lehrwerken lange Zeit zunächst die sogenannten "einfachen Zeiten", d.h. Tempora, die ohne Hilfsverben gebildet werden können, behandelt und erst dann die zusammengesetzten Zeiten, also die Tempora mit den Hilfsverben *haben, sein* und *werden* (Perfekt, Plusquamperfekt und Futur). Pragmatische, an der Sprachverwendung orientierte Argumente für eine solche Reihenfolge lassen sich kaum finden. Im Gegenteil, geht man von der "Leistungsbreite" einer Struktur und der Häufigkeit ihrer Verwendung aus, müßte das Perfekt sehr früh eingeführt werden. Mit dem Perfekt läßt sich in der gesprochenen deutschen Sprache - im Unterschied zu anderen Sprachen - der gesamte Vergangenheitsbereich beschrei ben. Ein pädagogisches Argument spricht ebenfalls dafür: In einem pragmatischen, an den Erfahrungen der Lerner orientierten Sprachunterricht müßten die Lerner eigentlich in der ersten Stunde schon über ihre Herkunft und ihre Erfahrungen sprechen können. Dazu brauchen sie ebenfalls Perfektformen. Andererseits sind die Perfektregeln aber nicht ganz einfach: Zum einen müssen die Lerner hier die Bildungsregeln des Partizips II beherrschen, zum anderen müssen sie entscheiden, ob sie das Perfekt mit *haben* oder mit *sein* bilden. Die meisten Lehrwerke führen das Perfekt daher frühestens gegen Ende des ersten Bandes, d. h. oft auch gegen Ende des ersten Lernjahres, komplett ein.

Beispiel

Eine andere Möglichkeit, nämlich die Aufteilung des Perfekts und die Einführung in Etappen, wird z. B. in dem Lehrwerk *Deutsch hier* (für ausländische Arbeiter in der Bundesrepublik), Scherling, T. u. a., praktiziert. Dort finden wir schon im 4. Kapitel die folgende Übersicht:

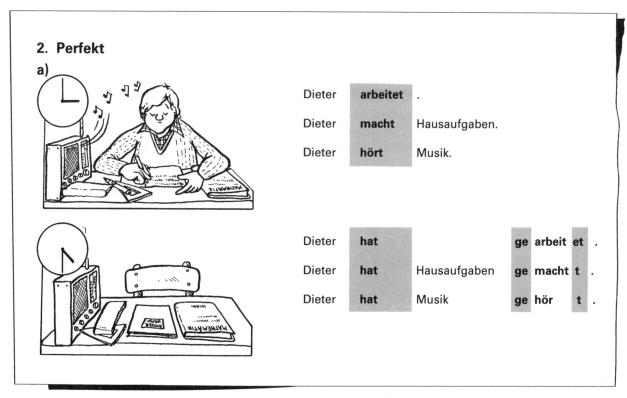

2. Perfekt

a)

Dieter	**arbeitet**	.
Dieter	**macht**	Hausaufgaben.
Dieter	**hört**	Musik.

Dieter	**hat**		**ge** arbeit **et** .
Dieter	**hat**	Hausaufgaben	**ge** macht **t** .
Dieter	**hat**	Musik	**ge** hör **t** .

Das System wird dann im Kapitel 10 ergänzt:

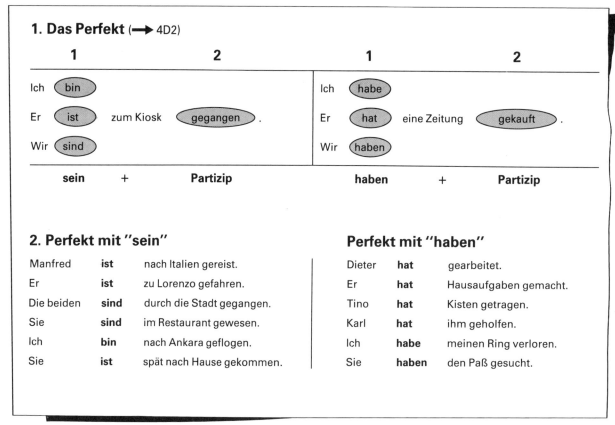

1. Das Perfekt (➞ 4D2)

1	2	1	2
Ich bin		Ich habe	
Er ist	zum Kiosk gegangen .	Er hat	eine Zeitung gekauft .
Wir sind		Wir haben	
sein +	**Partizip**	**haben** +	**Partizip**

2. Perfekt mit "sein"

Manfred	**ist**	nach Italien gereist.
Er	**ist**	zu Lorenzo gefahren.
Die beiden	**sind**	durch die Stadt gegangen.
Sie	**sind**	im Restaurant gewesen.
Ich	**bin**	nach Ankara geflogen.
Sie	**ist**	spät nach Hause gekommen.

Perfekt mit "haben"

Dieter	**hat**	gearbeitet.
Er	**hat**	Hausaufgaben gemacht.
Tino	**hat**	Kisten getragen.
Karl	**hat**	ihm geholfen.
Ich	**habe**	meinen Ring verloren.
Sie	**haben**	den Paß gesucht.

Scherling (1982), 62 bzw. 144

Diese Form einer ersten Systematisierung des Perfekts im vierten Kapitel eines Lehrwerks ist ein gelungener Kompromiß zwischen der kommunikativen Notwendigkeit, das Perfekt möglichst früh einzuführen, und der linguistischen Notwendigkeit, den Lernern eine komplizierte Struktur nicht zu früh zuzumuten. Die regelmäßigen Formen mit *haben* werden hier vorgezogen. Der Rest des Perfekts wird dann im letzten Kapitel des Buches eingeführt.

Bewertung des Beispiels

Was kann man aber tun, wenn man mit einem Lehrwerk arbeitet, in dem das Perfekt relativ spät (z. B. im 2. Lernjahr) und dann gleich mit allen Formen (*sein* und *haben*, regelmäßige und unregelmäßige Partizipien) eingeführt wird? Wir möchten Ihnen hier einen Vorschlag für Ihren Unterricht machen.

Unterrichtsvorschlag 1

Unterrichtsvorschlag 1

Aufteilen der Perfekt - Einführung / Vorziehen einiger regelmäßiger Formen

Wir schlagen dazu eine Vorgehensweise vor, die lehrbuchunabhängig ist. Sie setzt voraus, daß die Lerner über die Personalpronomen, die Zahlen und einige Präpositionen verfügen, d. h., sie geht von einer Grundlage von rund 40 Stunden Deutschunterricht aus.

Das kommunikative Lernziel der Einheit, die zwei bis drei Unterrichtsstunden umfassen soll, ist ...

Lernziele

> ... Aussagen zur eigenen Biographie, zur eigenen Herkunft und Vergangenheit machen zu können.

Das grammatische Lernziel ist ...

> ... das Erarbeiten und später das Verwenden der Perfektformen einiger regelmäßiger Verben sowie die Vergangenheitsform von *sein* in der 1. Person Singular und Plural.

Unterrichtsvorbereitung:

Wir wählen die folgenden Verben aus, von denen eine ganze Reihe den Schülern schon aus den ersten Stunden bekannt sein dürften:

Vorbereitung

leben / wohnen / arbeiten / heiraten / kaufen / machen / lernen / studieren

Für erwachsene Lerner eines Volkshochschulkurses haben wir den folgenden Mustertext geschrieben, der neben den Verben im Perfekt viel Wortschatz enthält, mit dem man biographische Angaben machen kann.

> *Mein Name ist Klaus Dreher. Ich bin aus Wildeck. Das ist ein Dorf in Nordhessen.Ich habe dort 20 Jahre gelebt. Wir waren drei Kinder, zwei Brüder und eine Schwester. Mein Vater hat dort einen Bauernhof. Meine Schwester lebt auch heute noch in Wildeck. Sie hat dort geheiratet. Mein Bruder Jens arbeitet bei der Bundesbahn. Er war erst in Bebra und ist jetzt in Frankfurt. Mein Bruder Alfred lebt in Kiel.*
>
> *Ich bin jetzt 43. Martina, meine Frau, ist 39. 1970 haben wir geheiratet. Meine Frau kommt auch aus Wildeck. Wir haben eine Tochter, Miriam, und einen Sohn. Er heißt Daniel.*
>
> *Von 1982 bis 1985 haben wir in Kassel gelebt. Seit 1985 leben wir in Hannover. Ich habe drei Jahre in Kassel bei VW gearbeitet. Meine Frau hat den Haushalt gemacht. Dann war ich ein Jahr arbeitslos. An der Volkshochschule habe ich in dieser Zeit das Programmieren gelernt. Jetzt wohne ich bei Hannover. 1987 haben wir dort ein Haus gekauft. Miriam lebt noch in Kassel. Sie hat Abitur gemacht und studiert jetzt Kunst. Alle sagen, sie hat viel Talent.*

Unterrichtsverlauf

Und so können Sie im Unterricht mit dem Text arbeiten:

Phase 1:
Textarbeit

1. Unterrichtsphase: Textverstehen und systematische Wortschatzarbeit

Die Lerner lesen den Text still und bearbeiten danach zwei Übungen, die ihr Textverständnis überprüfen sollen. Sie können diese Übungen nach dem folgenden Muster schreiben oder andere verstehensüberprüfende Übungsformen wählen.

Musterübungen

<u>Übung 1</u> (rezeptiv)

Streichen Sie alle falschen Sätze durch!

1. *Klaus ist aus Nordhessen.*
2. *Er und seine Frau haben zwei Jahre in Kassel gelebt.*
3. *Sein Vater war Bauer.*
4. *Er hat drei Jahre in Hannover gearbeitet.*
5. *Seine Schwester lebt noch in Wildeck.*
6. *Seine Frau kommt auch aus Wildeck.*
7. *Sein Bruder arbeitet jetzt in Bebra.*
8. *Frau Dreher ist arbeitslos.*
9. *Die Tochter von Familie Dreher studiert Kunst in Kassel.*

<u>Übung 2</u> (rezeptiv / reproduktiv)

(In dieser Übung sollen die Lerner schon selbständig einige Perfektformen eintragen, andere werden noch vorgegeben.)

1. *Klaus ist aus ......*
2. *Sein Vater ......Bauer.*
3. *Sein Bruder Jens ...... jetzt in Frankfurt.*
4. *1970 hat Klaus Martina ......*
5. *Er hat drei Jahre bei VW ......*
6. *Seine Frau ...... den Haushalt ......*
7. *Seine Tochter ...... Abitur gemacht.*
8. *Sie ist auf der Universität und ...... jetzt Kunst.*
9. *Klaus hat an der Volkshochschule das Programmieren ....*

<u>Übung 3</u> (reproduktiv)

Sammeln Sie Wörter in dieser Liste, die gut zu Biographien passen:

Wörter, die oft bei Zahlen stehen	Verben	andere Wörter, die oft in Biographien stehen
von ... bis	*gelebt*	*Hannover*

2. Unterrichtsphase : Erarbeitung der Perfektregeln durch die Schüler

Phase 2: Regelerarbeitung

Nachdem Text und Wortfeld auf diese Weise erarbeitet sind und die Lerner praktisch die Partizipien schon benutzt haben, machen Sie den Lernern die Veränderung des Verbs mit einem Tafelbild bewußt:

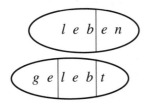

Fragen Sie die Lerner, was sich in Form und Bedeutung des Verbs hier verändert! Bitten Sie die Lerner dann, die Regel zu der Veränderung selbst zu formulieren! Weisen Sie unbedingt darauf hin, daß die Lerner die Regel nicht mit anderen Verben versuchen sollen und daß es bei der Veränderung der Verben noch mehr Regeln gibt! Nennen Sie das Ganze zunächst nur "eine Vergangenheitsform des Verbs"!

Bitten Sie die Lerner, nun alle Vergangenheitsformen aus dem Text herauszuschreiben und, wie im Beispiel an der Tafel, die Infinitivformen dazuzuschreiben!

<u>Übung 4</u> (reproduktiv)

Sammeln Sie Verben aus dem Text systematisch in Gruppen!

Verben im Text (Vergangenheitsform)	Infinitive
_____	_____
_____	_____
_____	_____
_____	_____

Falls die Lerner hier auch *war* eintragen, nehmen Sie das Wort heraus und schreiben Sie es an die Tafel. Schreiben Sie den Infinitiv und zwei Gebrauchsbeispiele daneben, damit die Schüler die Beispiele bei ihren eigenen Texten verwenden können:

Beispiele:

Ich	war	arbeitslos.
		25.
		Bauer.
Wir	waren	in Frankfurt.

Das	war	1970.

Bisher haben Sie auf der Wortebene gearbeitet. Erklären Sie nun das Perfekt im Satz! Auch dieses Mal sollen die Schüler die Regel selbst formulieren.

Schreiben Sie die folgenden Beispielsätze und Übung 5 an die Tafel:

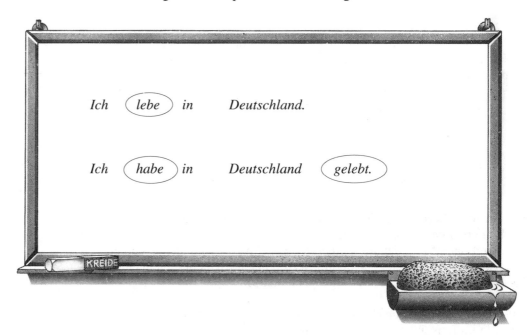

Übung 5 (reproduktiv)

Ordnen Sie die Beispiele nach dem Muster an der Tafel!

1. ich / gelebt / in / Türkei / der / habe
2. Frau / seine / gemacht / den / Haushalt / hat
3. 1963 / gelernt / habe / ich / Spanisch
4. 1985 / gearbeitet / ich / von 1982 / VW / bis / habe / bei
5. vier / ich / Urlaub / habe / Wochen / gemacht

Bitten Sie die Lerner, nun selbst die Regel zum Perfekt im Satz zu formulieren!

Zum Schluß der systematischen Grammatikarbeitsphase sollen die Lerner alles, was sie gelernt haben, in einer Tabelle festhalten. Solche Grammatiktabellen sind meistens in

den Lehrbüchern abgedruckt. In unserem Fall können die Lerner die Tabelle nun selbst
erstellen.

Infinitiv			Perfekt mit *haben*	
leben	*Ich*	*habe*	*in Hannover*	*gelebt.*
wohnen	*Er*	*...*	*in Bebra*	*.......*
arbeiten	*Ich*	*habe*	*bei VW*	*gearbeitet*
...	*...*	*hat*	*ein Haus*	*gekauft.*
machen	*Wir*	*haben*	*Urlaub*	*....*
...	*Er*	*hat*	*Programmieren*	*....*
studieren	*Sie*	*...*	*Kunst*	*....*

Vorsicht! Nicht alle Perfektformen werden so gebildet!

Im Lehrwerk *Sprachbrücke* von Mebus u.a. werden Lerner oft aufgefordert, systematische Tabellen aus Texten auf diese Weise zu erstellen. Wenn Sie das Lehrwerk zur
Hand haben, sehen Sie sich die Grammatik-Seiten an!

Hinweis

3. Unterrichtsphase: Anwendung der gelernten Perfektformen / das Schreiben eines eigenen Textes

Phase 3:
Regelanwendung

Nachdem Sie das Perfekt auf diese Weise erarbeitet haben, bitten Sie die Schüler, nun
noch einmal in die Listen mit den Wörtern zu schauen, die man in Biographien braucht,
und dann einen kurzen Text über ihre eigene Biographie zu schreiben! Bitten Sie,
möglichst nur die vorgegebenen Verben zu benutzen! Da die Lerner vermutlich auch
andere Verbformen verwenden oder brauchen, können Sie sich nun während der
Stillarbeitsphase den einzelnen Schülern zuwenden und korrigierend eingreifen.

<u>Übung 6</u> (produktiv)

Schreiben Sie nun einen kurzen Text über sich selbst auf deutsch! Machen Sie
zunächst eine Stichwortliste zu Zahlen und Verben, die Sie brauchen!

_____

_____

_____

_____

_____

_____

Soweit unser Vorschlag für eine lehrwerkunabhängige Perfekteinführung. Zwei weitere Beispiele für die lehrwerkunabhängige Einführung einer Grammatikstruktur sollen hier nur noch kurz ausgeführt werden.

Unterrichtsvorschlag 2

Unterrichtsvorschlag 2

Modalverben ohne Lehrbuch einführen

Oft braucht man auch die Modalverben früher, als sie im Lehrwerk eingeführt werden, oder in einem anderen thematischen Zusammenhang. Hier können Sie zum Beispiel Verkehrsschilder oder andere landesübliche Zeichen (Gebote / Verbote / Hinweise) heranziehen.

Unterrichtsschritte

1. Zeigen Sie zuerst einige der Schilder (auf Folie präsentieren oder an die Tafel zeichnen) und bitten Sie die Schüler, die Schilder zu beschreiben! Da sie nicht über die Modalverben verfügen, wird ihnen dies nicht so leicht gelingen. Helfen Sie, indem Sie die zutreffenden Modalverben im Satz an die Tafel schreiben!

2. Zeichnen Sie eine Straßenkreuzung an die Tafel! Bitten Sie die Schüler, z. B. jeweils zwei Autos und einen Radfahrer hineinzuzeichnen und zu numerieren! Fragen Sie: *Wer darf zuerst fahren? - Wer muß warten?* Lassen Sie die Schüler nach und nach verschiedene Kombinationen einzeichnen und jeweils andere Schüler antworten! Sammeln Sie auf die Weise Beispiele zu den Modalverben *können, dürfen* und *müssen*!

3. Als erste Übung zu den Modalverben können Sie einen Dialog anschreiben, der gut variierbar ist, etwa so:

Beispieldialog

o	*Wollen wir heute ausgehen?*
oo	*Heute? Hm, ich kann heute leider nicht. Aber morgen habe ich Zeit.*
o	*Da hab ich leider ein Problem. Ich muß morgen arbeiten.*
oo	*Und am Freitag?*
o	*Nein, das geht leider auch nicht. Am Freitag will ich.....*
oo	*........................*
o	*Ja, da kann ich. Wollen wir ....?*

Vergleichen Sie an dieser Stelle auch, was im Baustein über Grammatikvisualisierung zum Thema Modalverben gesagt wird!

Unterrichtsvorschlag 3

Unterrichtsvorschlag 3

Possessivpronomen im Dativ einführen

Sie wollen über ein Fest sprechen, an dem man sich gegenseitig etwas schenkt (etwa das deutsche Weihnachtsfest) und benötigen dazu den Dativ, der erst später im Lehrbuch eingeführt wird.

Vorschlag: Schreiben Sie die folgende Übersicht an die Tafel:

Auf diese Weise nehmen Sie einen Teil des großen "Lernfeldes Dativ" schon vorweg und entlasten damit auch die spätere Einführung des Dativs im Lehrwerk.

Wie in diesen Beispielen sind auch andere Progressionsentscheidungen, die Lehrwerkautoren getroffen haben, veränderbar. Die folgenden Möglichkeiten der Veränderung stehen Ihnen praktisch offen:

1. Vorziehen einer im Lehrwerk erst später zur Einführung vorgesehenen Regel bzw. einer Teilregel

Dabei werden die Schüler auch mit unbekannten Vokabeln und unbekannten grammatischen Strukturen konfrontiert. Als Lehrer müssen Sie dann entscheiden, ob sie die unbekannten Wörter zum aktiven Gebrauch einführen oder nur erklären oder ob sie Lehrwerktexte und Übungen ändern, das heißt vereinfachen.

2. Lehrbuchunabhängige Einführung einer Grammatikregel

In diesem Fall können Sie von authentischen oder selbst geschriebenen Texten ausgehen und die Struktur dann ähnlich herausarbeiten lassen wie in dem Beispiel zur Perfekteinführung. Sehen Sie sich in diesem Fall in Ihrem Lehrwerk genau an: Mit welchem Thema haben die Autoren die grammatische Struktur, die Sie vorziehen wollen, verbunden? Ist die gewählte Verbindung für Ihre Lerner sinnvoll?

3. Auslassen oder Reduzieren einer im Lehrwerk vorgesehenen systematischen Regeleinführung

In dem Lehrwerk *Deutsch aktiv* (1979) wurden Präteritum und Perfekt im gleichen Kapitel eingeführt (S. 112 - 126). Bei den Lernern führte dies zu einem hohen Lernaufwand sowie zu Verwechslungen. Um dies zu vermeiden, wurde die Präteritum-Einführung mit den dazugehörigen Kapitelteilen von vielen Kollegen ausgelassen und später nachgeholt.

Die Darstellung zu den Lehrwerkprogressionen sollte vor allem verdeutlichen: Man muß kein Linguist oder Lehrwerkautor sein, um in der Lage zu sein, eine Progression zu verändern.

In der Regel folgt der Fremdsprachenunterricht bei der Reihenfolge der einzuführenden grammatischen Regeln und Strukturen den Vorgaben eines Lehrwerks. Die Reihenfolge der Einführung ist praktisch in jedem Lehrwerk anders. Das heißt: Es gibt keine von der Sprache selbst vorgeschriebene Reihenfolge der Einführung von grammatischen Strukturen und Regeln. Aus dem Sprachsystem begründbare Abfolgen existieren nur in bezug auf einzelne Strukturen, die unmittelbar aufeinander aufbauen. Einige einfache Beispiele:

Die Einführung der Possessivpronomen kann nur aufbauend auf den Personalpronomen erfolgen.

Die Einführung der Personalendungen der Verben kann nur in Verbindung mit und aufbauend auf den Personalpronomen eingeführt werden.

Die Einführung des Perfekts setzt die Kenntnis der Konjugation der Hilfsverben *haben* und *sein* sowie des Präsens voraus.

Argumente für eine frühere oder spätere Einführung einer Struktur ergeben sich vor allem aus ihrer Verwendung, das heißt aus der Frage, wie häufig und wie vielseitig sie verwendbar ist. Wenn man die eingeführten Strukturen und Regeln in den Lehrwerken addiert, dann unterscheiden sich die Lehrwerke nicht wesentlich. Unterschiede gibt es aber bei der Reihenfolge der Einführung einer Struktur und bei der Verbindung zwischen einer grammatischen Struktur und einem Thema.

Die Notwendigkeit, eine vorgegebene Lehrbuchprogression zu verändern, entsteht vor allem ...

➤ ... wenn man eine grammatische Form zu einem bestimmten kommunikativen Zweck früher braucht, als dies das Lehrwerk vorsieht (Beispiel: Verwendung des Perfekts zu autobiographischen Angaben),

➤ ... wenn man die Einführung einer komplizierten Regel in mehrere kleinere Einheiten aufteilen möchte,

➤ ... wenn im Lehrbuch zu viele Regeln auf einmal eingeführt werden.

Die Veränderungen können durch Auslassungen oder Vorziehen von Lehrbuchkapiteln oder Kapitelteilen oder durch eine lehrbuchunabhängige Erarbeitung einer Grammatikregel erfolgen.

In dem Beispiel zur Perfekteinführung wird ein Grundprinzip einer pädagogischen Grammatik deutlich:

Über den Zeitpunkt der Einführung einer bestimmten grammatischen Regel im Verlauf eines Sprachkurses läßt sich auf der Basis linguistischer Kriterien allein nicht entscheiden.

Überleitung

Die frühe Perfekteinführung ist beispielsweise durch die Notwendigkeit bzw. den Wunsch, Aussagen zur eigenen Person zu machen, bestimmt worden. Durch dieses Ziel ist auch die Verbindung zwischen Grammatik (Perfekt) und dem Textinhalt (autobiographische Informationen) entstanden. Auch in den folgenden Bausteinen finden Sie viele Beispiele für solche Verbindungen.

4.2 Symbole, Bilder oder Farben –
Visualisierung grammatischer Strukturen

Rückblick

Es ist nun schon einige Jahre her, seit Sie angefangen haben, Deutsch zu lernen. Versuchen Sie, sich trotzdem einmal zu erinnern: Wie war das in Ihrem ersten Deutschlehrwerk? Gab es in dem Lehrwerk Bilder? Erinnern Sie sich noch an ein Bild? Gab es Farben? Wenn ja, welche? Wurden auch Bilder oder andere optische Hilfen zur Erklärung der Grammatik verwendet?

Wenn überhaupt, dann wahrscheinlich nur ganz wenige. In den Fremdsprachen- lehrwerken, mit denen die meisten Schüler lernen, sind die visuellen Elemente bei der Darstellung grammatischer Regeln oft ebenso abstrakt wie die Regeln selbst. In diesem Baustein werden Sie einige Beispiele dafür finden. Ein kleines Experiment schon jetzt:

In dem Grammatikteil eines DaF-Lehrwerks haben wir diese Symbole gefunden:

Griesbach(1976), 62-63

Aufgabe 16:

Für welche Präpositionen stehen diese Symbole? Notieren Sie:

_____   _____   _____   _____

_____   _____   _____   _____

Vermutung

Nehmen wir an, wir würden Sie in vier Wochen bitten, die kleinen graphischen Zeichen an der Tafel zu reproduzieren? Würden Sie das schaffen? Wahrscheinlich nicht so ganz genau. Sie würden vermutlich feststellen, daß man sich diese Zeichen in Verbindung mit Präpositionen nicht so gut merken kann.

Zum Inhalt des Bausteins

In der Einleitung haben wir eine Untersuchung von Günther Zimmermann vorgestellt. Darin wird deutlich, daß Lehrerinnen und Lehrer oft Schwierigkeiten haben, eine Grammatikregel motivierend zu präsentieren und einfach zu erklären. Dazu finden Sie in diesem Baustein Hilfen.

Wir wollen einige Möglichkeiten vorstellen, grammatische Regeln mit visuellen Mitteln zu erklären, besser merkbar zu machen und ihre Verwendung zu üben. Wir wollen versuchen zu erklären, wo der Einsatz von visuellen Elementen im Grammatik- unterricht sinnvoll sein kann, wozu diese Elemente dienen können und wie Sie in Ihrem Unterricht selbst visuelle Lernimpulse setzen können, auch ohne ein talentierter Zeichner zu sein.

Der Baustein soll Ihnen also zunächst Kriterien geben, um zu überprüfen, wie hilfreich Lehrwerkvisualisierungen wirklich sind. Außerdem wollen wir Ihnen Tips für den eigenen Umgang mit Illustrationen zur Grammatik geben.

Um visuelle Elemente auf ihre Brauchbarkeit hin untersuchen zu können, haben wir Sie hier unterteilt in ...

➤ ... Drucktechnisch-graphische Hilfsmittel

➤ ... Abstrakte Symbole (zumeist aus einer sprachwissenschaftlichen Systematik entliehen)

➤ ... "Konkrete" Symbole / Visuelle Metaphern

➤ ... "Dynamische" Symbole / Personalisierung bzw. Situierung von grammatischen Regeln

4.2.1 Drucktechnisch - graphische Hilfsmittel

Das folgende Beispiel stammt aus der ersten Auflage des DaF-Lehrwerks Schulz/Griesbach, das weltweit die größte Verbreitung hatte.

— B —

1. Präpositionen mit dem Dativ

Robert geht um 9 Uhr *aus dem* Haus. Er wohnt *mit seinem* Freund *bei seiner* Tante. *Nach dem* Essen trinkt er eine Tasse Kaffee. Er ist *seit einem* Monat in Deutschland. Er hat das Geld *von seinem* Vater. Er geht *zu seinem* Freund. Die Wohnung liegt *der* Post *gegenüber*.

> **aus, bei, mit, nach, seit, von, zu,**
> **gegenüber**
> **IMMER MIT DATIV**

Merken Sie: gegenüber steht oft nach dem Substantiv.

> bei dem → beim
> von dem → vom
> zu dem → zum
> zu der → zur

2. Präpositionen mit dem Akkusativ

Hans geht *durch den* Park. Robert bestellt *für seinen* Freund ein Glas Bier. Das Auto fährt *gegen das* Haus. Robert geht *ohne seine* Schwester spazieren. Die Freunde gehen *um das* Haus. Wir fahren *die* Straße *entlang*.

> **durch, für, gegen, ohne, um,**
> **entlang**
> **IMMER MIT AKKUSATIV**

Merken Sie: entlang steht nach dem Substantiv.

Griesbach (1955), 29

Stellen Sie Beispiele zusammen! Welche graphischen Mittel werden hier verwendet?

_____

_____

_____

_____

_____

_____

_____

_____

_____

Schlagen Sie zuerst die Lösung nach und lesen Sie dann hier weiter:

Andere Möglichkeiten aus dem drucktechnischen Bereich wären die <u>Unterstreichung</u> sowie die Verwendung weiterer Farben als Druckfarbe oder als Unterlage, das heißt zum Beispiel als "Grauraster" unter einem Text oder einer Tabellenspalte.

Durch das gehäufte Verwenden von ähnlichen Mitteln der Hervorhebung auf engem Raum kann allerdings ein unerwünschter Nebeneffekt entstehen. Eine bestimmte Information, ein Wort, eine Endung oder ein Merksatz, die unter all den anderen Informationen optisch "ins Auge fallen" sollen, werden durch weitere Hervorhebungen (**Fettdruck** oder <u>Unterstreichung</u>) in unmittelbarer Nähe wieder aufgehoben. Ein "Zuviel" solcher drucktechnischen Mittel hebt ihren Zweck, die Betonung einer Information, praktisch auf.

Ein Beispiel:

> *In vielen Boulevard-Zeitungen sind die Überschriften auf der Seite 1 fett gedruckt und noch unterstrichen. Um dann eine einzelne Überschrift noch mehr hervorzuheben, muß man die Drucktypen noch größer wählen und die Information ins Zentrum der Seite rücken.*

Viele Lehrerinnen und Lehrer berichten davon, daß sie mit Farben arbeiten und daß dies im Unterricht hilfreich ist. Auch wir haben Grammatikstunden gesehen, bei denen bunte Kreide gezielt und effektiv zur Erklärung von Endungen bei Verben und Adjektiven eingesetzt wurde. Trotzdem: Unsere persönliche Erfahrung zum Thema "Verwendung von Farben im Grammatikunterricht" ist eher negativ. Was in einem Lehrwerk im besten Fall zur Übersichtlichkeit und visuellen Auflockerung von Grammatik beitragen kann (das Abgrenzen von Kasus, Wortklassen, Tempora oder Satzteilen durch verschiedene Farben), erweist sich im Unterricht meistens als weniger praktisch. Fängt man einmal damit an, so muß man das Farbenspiel aus Gründen der Klarheit und Übersichtlichkeit bei Erklärungen an der Tafel auch durchhalten. Wenn Sie aber einmal an einer vorher nicht geplanten Stelle zu einer syntaktischen Erklärung gezwungen sind, so fehlt Ihnen in der Klasse garantiert die Kreide in der richtigen Farbe.

Unser Vorschlag für den Unterricht: Bei Wortarten, Kasus und Satzteilen gar nicht erst mit Farbe anfangen! Andere Mittel der Visualisierung nutzen (siehe unten)!

Die genannten "konventionellen" Möglichkeiten der Hervorhebung einzelner Informationen durch die Schrifttechnik haben einen Vorteil für Ihre Arbeit mit grammatischen Regeln im Unterricht: Sie lassen sich meistens auch an der Tafel in gleicher Weise ohne Aufwand reproduzieren.

Sie können zum Beispiel auch an der Tafel ...

➤ ... Merksätze durch Druckschrift, Unterstreichung oder Farben hervorheben,

➤ ... in Konjugationstabellen die Endungsvariablen durch Unterstreichung, Großbuchstaben, Umrahmung oder das Verwenden farbiger Kreide kenntlich machen.

Übrigens: Planen Sie besonders die Tafelbilder zur Grammatik immer vor der Stunde, da hier Übersichtlichkeit und Raumaufteilung sehr wichtig sind.
Sinnvoll kann auch sein, Merksätze nur in bestimmte Zonen der Tafel zu schreiben, ein Vorschlag, der leider nur mit ziemlich großen Tafeln zu realisieren ist. Der Vorteil einer solchen Einteilung ist: Die Schüler wissen immer: Alle Sätze, die (zum Beispiel) links oben auf der Tafel stehen, beziehen sich auf die Grammatik, sind besonders wichtig und müssen abgeschrieben werden. Alles, was (zum Beispiel) rechts steht, bezieht sich auf Vokabeln. Alles, was in der Mitte steht, braucht nicht abgeschrieben zu werden:

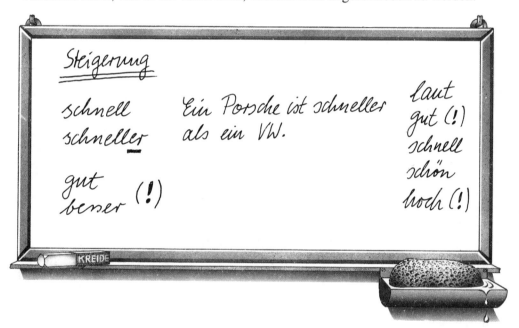

4.2.2 Abstrakte Symbole (zumeist aus einer sprachwissenschaftlichen Systematik entliehen)

Ein Beispiel für die Verwendung abstrakter Symbole als Lernhilfe haben Sie bereits zu Beginn dieses Bausteins kennengelernt. Eine bisher den Lernern unbekannte Regel durch ein den Lernern ebenso unbekanntes abstraktes Symbol zu erklären, ist sicher nicht sinnvoll. Wie ist es aber mit der Verwendung von geometrischen Figuren, die den Lernern bereits bekannt sind, etwa mit

Ovalen,   Rechtecken,   Quadraten   und Kreisen ?

Dazu einige Beispiele aus Deutschlehrwerken für Erwachsene:

Lehrwerkbeispiele
Beispiel 1

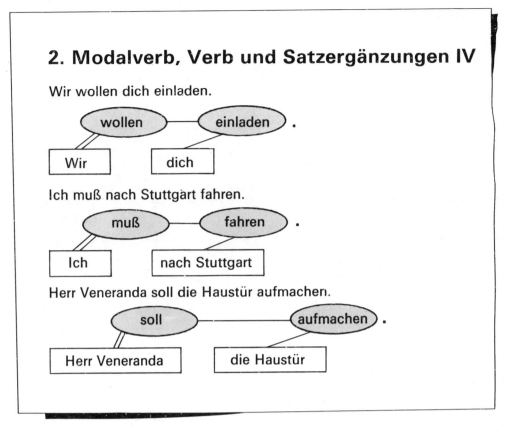

Neuner (1979), 89 (im Original mehrfarbig)

Beispiel 2

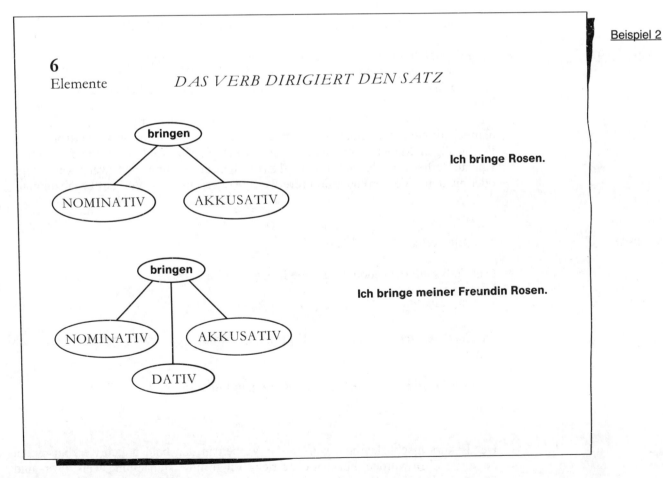

Häussermann (1989), 248

Aufgabe 18

Vergleichen Sie die beiden Darstellungen auf Seite 77! Welche Visualisierungstechniken werden verwendet? Was ist ähnlich, was ist anders? Welche Bedeutung hat das Verb in beiden Darstellungen?

_____

_____

_____

_____

_____

_____

_____

Theoretischer Exkurs

Exkurs: Die Dependenzgrammatik

Die Methode, Verben durch Ovale und Ergänzungen durch Rechtecke zu kennzeichnen, entspricht der Darstellungsform der Dependenzgrammatik, die im Zusammenhang mit dieser Studieneinheit nicht umfassend beschrieben werden kann. Eine kurze zusammenfassende Darstellung enthält Meese (1984, 22 - 28). Eine ausführliche Darstellung zu Deutsch als Fremdsprache ist bei Rall / Engel / Rall (1977).

Begründung

Zum Verständnis der hier verwendeten Symbole ist es wichtig, sich an die Grundlagen der Dependenz- oder Dependenz-Verb-Grammatik (DVG) zu erinnern. Sie geht davon aus, daß das Verb den Satz bestimmt. Während in der traditionellen Grammatikdarstellung in Fremdsprachenlehrwerken das Subjekt als besonderer Satzteil hervorgehoben wird, ist es in dieser Darstellungsform nur noch eine der Ergänzungen zum Verb, nämlich die Nominativergänzung. Verben stehen nicht allein im Satz sondern brauchen Ergänzungen. Manche Verben brauchen nur eine Ergänzung (einwertige oder monovalente Verben), um den Satz komplett zu machen, andere brauchen zwei (zweiwertige oder bivalente Verben) oder drei (dreiwertige oder trivalente Verben) Ergänzungen.

Beispiele

Einwertig: *Klaus schläft.*

Das Verb *schlafen* benötigt nur eine Ergänzung im Satz.

Zweiwertig: *Klaus kauft ein Buch.*

Das Verb *kaufen* mit nur einer Ergänzung würde noch keinen vollständigen Satz ergeben.

Dreiwertig: *Klaus schenkt seinem Vater ein Buch.*

Fazit

Der Exkurs macht deutlich, warum die Verben in den beiden Lehrwerkbeispielen hervorgehoben wurden. Für den Unterricht bringt diese Darstellungsweise Vor- und Nachteile. Der Satzbau wird zunächst transparenter und Schülern und Lehrern wird verdeutlicht, daß Verben nie isoliert, sondern in Zusammenhang mit ihren notwendigen Ergänzungen gelernt werden müssen. Trotzdem sind beide Darstellungsweisen problematisch. Die linguistisch exakte Darstellung eines Satzes auf zwei Ebenen hat für den Unterricht den Nachteil, daß der Satz unübersichtlicher wird und damit nicht mehr so leicht lesbar ist. Je mehr Nebensatzmuster man einführt, desto unübersichtlicher wird er. Die Verwendung von Ovalen für Verben und Ergänzungen beim *Sprachkurs Deutsch* erleichtert nicht gerade die Abgrenzung und ist zur Markierung von Sätzen in Texten schon aus Platzgründen nicht geeignet.

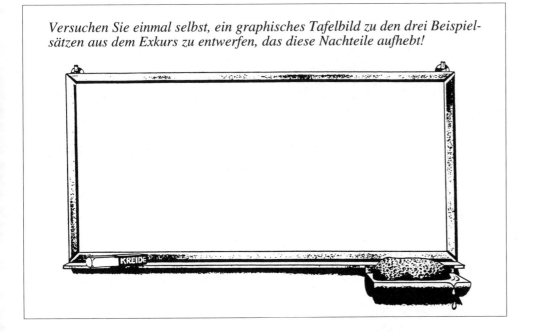

Aufgabe 19

Versuchen Sie einmal selbst, ein graphisches Tafelbild zu den drei Beispielsätzen aus dem Exkurs zu entwerfen, das diese Nachteile aufhebt!

Vorschläge zur Arbeit mit Symbolen für Verben und Ergänzungen in der Klasse

Unterrichtsvorschläge

Unabhängig davon, wie Ihr Lehrwerk vorgeht, sollten Sie schon im Anfangsunterricht, wenn es um die Stellung des Verbs im Satz geht, Verben so kennzeichnen:

Mit dem Oval können Sie auch den Stamm und die Endung markieren

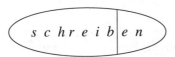

bzw. später die trennbaren Verben.

Vorsicht: Markieren Sie immer die Trennlinie an der richtigen Stelle,

79

das heißt, so wie in dem Beispielsatz und nicht so:

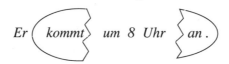

und verwenden Sie zwei Ovale, wenn Sie ein Hilfsverb und ein anderes Verb im Satz haben:

Für Ergänzungen können Sie das Rechteck verwenden:

Soweit die Vorschläge zur Verwendung von Symbolen. Nun zur Unterrichtspraxis:

Ein generelles Problem von Grammatikvisualisierungen in Lehrwerken ist: Die Symbole, Graphiken und Bilder werden meistens vom Lehrer präsentiert, erklärt und von den Lernern zur Kenntnis genommen. Ein aktiver Gebrauch von Symbolen und Bildern durch die Lerner ist in den Lehrwerken nicht angelegt. In unserem folgenden Unterrichtsvorschlag wollen wir genau dies versuchen, nämlich die bewußte Erarbeitung der Symbole durch die Lerner selbst und ihre aktive Verwendung in Übungen.

Die ersten Verben im Deutschunterricht sollten es dem Lerner immer ermöglichen, Kontakt aufzunehmen und Aussagen zur eigenen Person zu machen:

Beispiele:

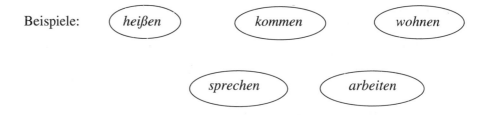

Die ersten Ergänzungen, die man in einer fremden Sprache lernen sollte, sind Namen (*Herr Müller, Frau Schmidt, ...*) und die Personalpronomen der 1. Person (*ich, wir*) sowie die Höflichkeitsform (*Sie*). Für die Lerner ist es an diesem Punkt völlig unwichtig, ob in dem Satz *Ich bin Herr Müller* nun *Herr Müller* ein "Gleichsetzungsnominativ" (wie in der *Duden-Grammatik*), eine "Einordnungsergänzung" (wie in *Deutsch aktiv Neu*) oder der 2. Teil der "Nominativergänzung" ist.

1.

Phase 1: Sammeln

Sammeln Sie, nachdem Sie einfache Dialoge, Fragen nach dem Namen, Vorstellung und Selbstvorstellung in den vorangegangenen Stunden zunächst ohne grammatische Kategorien eingeführt haben, nun gemeinsam mit den Lernern in Partnerarbeit und anschließend an der Tafel möglichst viele Verben und Ergänzungen. Dies kann bereits in der 5. oder 6. Stunde Deutsch erfolgen.

<u>Übung 1</u>

Deutsche Verben und Ergänzungen, die wir schon kennen:

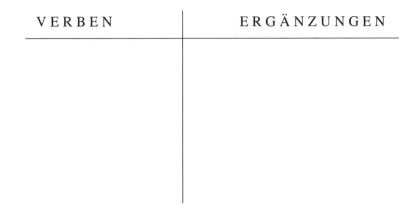

V E R B E N	E R G Ä N Z U N G E N

2.
In der Zeit, in der die Lerner die Liste zusammenstellen, zeichnen Sie eine Reihe von Ovalen und (mehr) Rechtecken an die Tafel. Bitten Sie die Schüler anschließend, die Ergebnisse ihrer Partnerarbeit in die Ovale und Rechtecke einzutragen!

3.
Nachdem Sie auf diese Weise die Unterscheidung von Verben und Ergänzungen auf der Wortebene nicht nur eingeführt, sondern auch praktisch geübt haben, soll die nächste Übung der Unterscheidung von Verben und Ergänzungen auf der Satzebene gelten.

Phase 2: Ordnen

<u>Übung 2</u>

Welche Graphik beschreibt den folgenden Dialog korrekt:

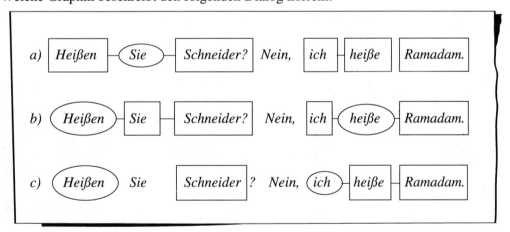

Die Übung mag auf den ersten Blick zu einfach und daher überflüssig aussehen - viele Schüler werden trotzdem etwas mehr Zeit benötigen, als Sie erwarten. Die Lerner sollen jetzt erst einmal korrekte Markierungen einer Satzstruktur erkennen. Später sollen sie die Ergänzungen auch selbst markieren können!

4.
Im nächsten Schritt sollen die Lerner eine vorgegebene Satzstruktur mit inhaltlich sinnvollen Ergänzungen und Verben ausfüllen. Nehmen Sie die Beispiele aus den vorangegangenen Stunden des Deutschunterrichts!

Übung 3

Hier ein Muster:

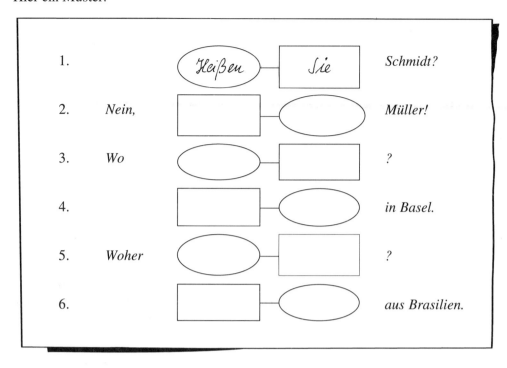

5.

Phase 3:
Systematisieren

Machen Sie den Lernern zum Abschluß in ihrer Muttersprache bewußt, daß das Verb den Schlüssel zum Erkennen der Struktur eines Satzes enthält! Diskutieren Sie, woran man ein Verb im Satz erkennt (Zweitstellung im Aussagesatz, Endungen -e, -st, -t, -en bei "normalen" Verben)!

6.

Als Zusatzübung können Sie einmal einen Text weiter hinten im Lehrwerk, den die Schüler noch nicht verstehen können (er sollte zunächst keine Modalverben und kein Perfekt enthalten), aufschlagen und die Lerner fragen, ob sie auch hier schon die Verben markieren können.

7.

Als Wiederholungsübung schneiden Sie ein paar Stunden später einen Stapel Ovale und Rechtecke aus.

Wiederholungsphase

Erinnern Sie an die Verben, die bereits eingeführt wurden (evtl. an der Tafel sammeln)! Bitten Sie jetzt die Lerner, jeweils die Wörter zu drei Fragen und den passenden Antworten in Partnerarbeit in die Ovale und Rechtecke zu schreiben, sie zu ordnen und vorzulesen!

Ihre Lerner haben auf diese Weise aktiv und nicht, wie in Lehrwerken üblich, nur rezeptiv mit visuellen Elementen gearbeitet. Bei der Einführung der Akkusativergänzung können Sie dann auch den Begriff der "Nominativergänzung" einführen, die Rechtecke mit den Buchstaben N(ominativ) und A(kkusativ) markieren und bei Nachfragen erklären, daß einige der bisher verwendeten Nominativergänzungen zwei Teile hatten. Sie können jetzt die gleichen Übungsmuster und Karten wieder verwenden wie bei der Nominativergänzung.

Soweit unsere Vorschläge zur Arbeit mit Symbolen. Wir meinen, daß die Verwendung weiterer Symbole eher verwirrend sein könnte. In jedem Fall sollten sie aber sehr sparsam dosiert sein.

Wir haben nun die Möglichkeiten von abstrakten, drucktechnischen und symbolischen Hilfen im Grammatikunterricht besprochen und einige Grundsätze festgehalten:

➤ Eine Möglichkeit, grammatische Regeln auf der Wort- und auf der Satzebene zu verdeutlichen, ist der Wechsel der Schriftart bzw. die Wahl eines andersfarbigen Untergrunds für bestimmte Teile von Wörtern oder Sätzen. Diese schreib- bzw. drucktechnischen Mittel sollten aber in jedem Fall sparsam und konsequent eingesetzt werden.

➤ Eine weitere Möglichkeit ist die Verwendung von abstrakten graphischen Symbolen. Diese Symbole sollten den Lernern aber bereits bekannt sein, wie etwa die geometrischen Grundfiguren. Die Erfindung neuer abstrakter Symbole bringt keine Lernhilfe. Auch hier gilt der Grundsatz "Weniger ist mehr". Wir meinen, man sollte sich auf zwei oder drei Grundfiguren beschränken (Oval und Rechteck), die dann immer wieder zur Erklärung des Satzbaus, das heißt zunächst der Stellung der Ergänzungen, herangezogen werden.

Eine weitere Möglichkeit der Grammatikvisualisierung ist dagegen etwas aufwendiger:

4.2.3 "Konkrete" Symbole / Visuelle Metaphern

Im letzten Abschnitt haben wir dargestellt, wie man einfache Symbole im Unterricht zur Erklärung des Satzbaus verwenden kann. In diesem Abschnitt wollen wir zeigen, wie man Bilder, das heißt also nicht abstrakte, sondern gegenständliche, konkrete Visualisierungen, mit grammatischen Regeln verbinden kann. Statt theoretischer Erklärungen möchten wir Ihnen drei Beispiele aus Lehrwerken zeigen:

Können Sie sich vorstellen, welche grammatische Regel mit diesem Werkzeug, einer "Schraubzwinge", abgebildet werden kann?

Neuner (1983), Folie 25

_____

_____

_____

Ehe wir die Lösung besprechen, zeigen wir Ihnen noch einige andere Beispiele aus Lehrwerken.

Beispiel 2

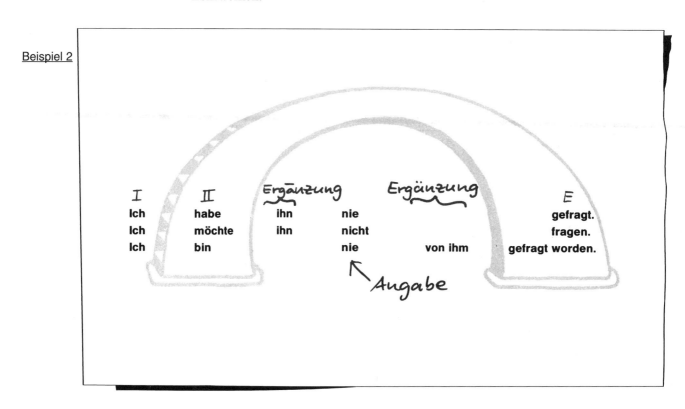

Kars (1988), 113 (im Original mehrfarbig!)

Beispiel 3

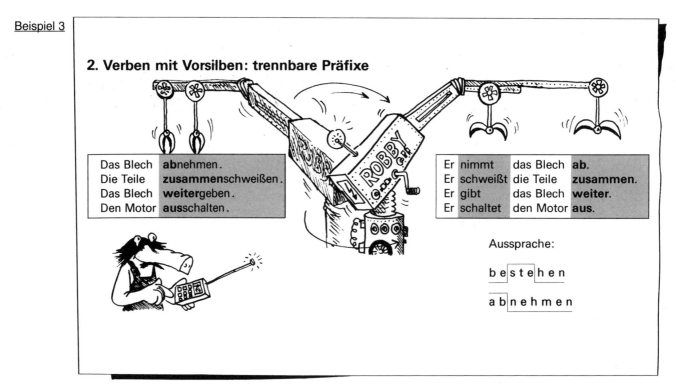

Neuner (1985), 27 (im Original mehrfarbig!)

Nun zurück zur Aufgabe 20. Im Lehrbuch *Deutsch konkret* finden Sie zu der oben abgedruckten Folie die folgende Tabelle:

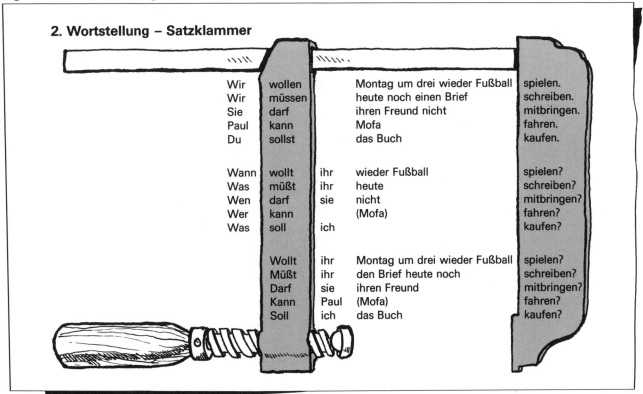

2. Wortstellung – Satzklammer

Wir	wollen		Montag um drei wieder Fußball	spielen.
Wir	müssen		heute noch einen Brief	schreiben.
Sie	darf		ihren Freund nicht	mitbringen.
Paul	kann		Mofa	fahren.
Du	sollst		das Buch	kaufen.
Wann	wollt	ihr	wieder Fußball	spielen?
Was	müßt	ihr	heute	schreiben?
Wen	darf	sie	nicht	mitbringen?
Wer	kann		(Mofa)	fahren?
Was	soll	ich		kaufen?
Wollt		ihr	Montag um drei wieder Fußball	spielen?
Müßt		ihr	den Brief heute noch	schreiben?
Darf		sie	ihren Freund	mitbringen?
Kann		Paul	(Mofa)	fahren?
Soll		ich	das Buch	kaufen?

Neuner (1983), 82

Kommentar

Die "Schraubzwinge" wird hier als Bild für den Zusammenhalt des Satzes durch das Modalverb und den Infinitiv verwendet. Die abstrakte Regel (*Im Aussagesatz steht das Modalverb an zweiter, der Infinitiv an letzter Stelle*) wird auf diese Weise mit einem Bild verbunden. Die Schüler merken sich die Regel in dieser Verbindung besser. Wenn sie in Zukunft Fehler machen, dann reicht es oft, wenn der Lehrer statt einer langen Regelerklärung an das Bild erinnert.

Einschränkung

Leider ist eine so konkrete Form einer visuellen Merkhilfe nicht bei allen Grammatikregeln möglich.

Ein anderes Beispiel für die Visualisierung eines Satzes:

Neuner (1986), 26 (im Original mehrfarbig)

Auch ohne lange Arbeitsanweisung wissen Lerner hier gleich, was zu tun ist. Im Unterricht mit Kindern können Sie die Streifen mit den einzelnen Satzteilen auch aus einem Pappkarton ausschneiden und damit gemeinsam einen großen "Satzschieber" basteln, der dann an der Klassenwand eine Weile hängen bleibt. Im Gegensatz zu dem Beispiel sollten Sie die Satzanfänge allerdings groß schreiben.

Diese Visualisierungsmöglichkeit - die Verbindung von Gegenständen und konkreten Bildern mit abstrakten Regeln - wird in Lehrwerken relativ selten genutzt. Da eine solche Verbindung immer auch inhaltlich sinnvoll sein muß, ist diese Form der "Merkhilfe" nur selten einsetzbar. Viele Ideen dazu enthalten die Lehrwerke *Sprachkurs Deutsch* (Neufassung 1989) und vor allem *Deutsch aktiv Neu* (1986). Eine andere Form der visuellen Lernhilfe, die wir im nächsten Abschnitt darstellen, bietet Ihnen wesentlich mehr Variationsmöglichkeiten: Personen und Situationen mit Strukturen verbinden.

Viele Lehrer werden an dieser Stelle fragen: Ist das alles überhaupt nötig? Genügen im Unterricht nicht übersichtliche Tabellen und vielleicht noch Merksätze im Halbfettdruck? Sind visuelle Lernhilfen nicht nur etwas für Kinder? Lehnen erwachsene Sprachlerner nicht diese "Spielereien" ab? Was bringen die Bilder wirklich? Sind sie nicht nur schöne, aber eigentlich überflüssige Illustrationen?

Dazu zuerst ein kurzer Exkurs in die Lernpsychologie.

Exkurs: Visualisierung von Grammatik - Der lernpsychologische Hintergrund

Ist Ihnen das auch schon passiert?

Sie gehen aus der Küche in ein anderes Zimmer, um etwas zu holen, vielleicht eine Zeitung. Sie denken dann auf dem Weg an etwas anderes. Sie kommen in dem anderen Raum an und haben vergessen, was Sie eigentlich dort tun wollten. Sie gehen zurück in die Küche. In dem Moment, in dem Sie an der gleichen Stelle stehen, an der Sie den Entschluß gefaßt hatten, die Zeitung zu holen, fällt Ihnen wieder ein, was Sie eigentlich tun wollten.

Der Gedanke - eine Zeitung holen - war für Sie unbewußt verbunden mit dem Ort, an dem Sie ihn zuerst hatten - eine bestimmte Stelle in der Küche.
Dort haben Sie ihn dann praktisch "wiedergefunden". Das Beispiel zeigt, wie unser Gedächtnis funktioniert. Die Neuropsychologie geht allgemein von einem Modell aus, das stark vereinfacht so beschrieben werden kann:

Im Gehirn gibt es zwei Teile, eine rechte und eine linke Hemisphäre. Beide Hemisphären haben unterschiedliche Aufgaben bei der Verarbeitung von Informationen.

Linke Hemisphäre	**Rechte Hemisphäre**
verarbeitet Informationen nacheinander	verarbeitet Informationen gleichzeitig
ist logisch	registriert ganze Bilder und größere Einheiten
denkt linear	denkt in Bildern, nicht in Worten
analysiert und erklärt	erfaßt Emotionen
redet und rechnet	speichert Tonfolgen und Klangbilder (Gedichte, Lieder)
ordnet, speichert Regeln	erinnert sich an komplexe Bilder, nicht an Details

Immer dann, wenn die rechte und die linke Hemisphäre bei der Verarbeitung von Informationen zusammenarbeiten, wird eine Information länger behalten und schneller erinnert, weil sie sozusagen auf mehreren Ebenen an verschiedenen Stellen des Gehirns gespeichert wurde.

Für den Sprachunterricht bedeutet dies, daß abstrakte Wörter immer dann, wenn man sie mit konkreten Bildern oder anschaulichen Sätzen kombiniert, besser erinnert werden.

These

Überlegen Sie und notieren Sie in Stichwörtern! Welche Konsequenzen ergeben sich aus diesen lernpsychologischen Erkenntnissen für das Lernen von Grammatikregeln?

Aufgabe 21

_____

_____

_____

_____

_____

_____

_____

_____

_____

_____

_____

_____

Mehr Hinweise auf konkrete Lernhilfen finden Sie in Sperber (1989).

Der Exkurs sollte vor allem den lernpsychologischen Hintergrund der Versuche zur Visualisierung von Grammatik andeuten. Was für Bildkontexte gilt, nämlich, daß sie eine wichtige Rolle beim Behalten von abstrakten Informationen spielen, gilt auch für Bedeutungskontexte, für Situationen zum Beispiel, die den Lernern bekannt sind.

Fazit

Wenn Sie den folgenden Kapitelabschnitt lesen, sollten Sie an diese lernpsychologischen Hintergründe denken.

4.2.4 "Dynamische Symbole" – Personalisierung bzw. Situierung von grammatischen Regeln

a) Visuelle Hilfen bei der Einführung und Erklärung von Grammatik

Zu Beginn ein Versuch zur Bedeutung von Visualisierung:

Aufgabe 22

Beschreiben Sie die Zeichnungen! Was sagen die Leute?

Baltzer (1989), 46 (im Original mehrfarbig!)

Schäpers (1972), 150

_____

_____

_____

_____

_____

_____

_____

_____

_____

_____

_____

_____

_____

Vergleichende
Auswertung

Sicher haben Sie sofort gemerkt, welche Grammatikregel in der ersten Zeichnung eingeführt wird. Wie in vielen anderen Lehrwerken auch ist hier das Thema *Straßenverkehr* - (jemand darf hier nicht halten, kann aber auch nicht weiterfahren) mit der Einführung der Modalverben verbunden worden. Die gezeigte Situation sowie das Verbotsschild machen die Verwendung der Modalverben eigentlich unvermeidlich.

Zwar kann nicht jedes Grammatikthema so eindeutig in einem Bild "verpackt" werden, aber die zweite Zeichnung gibt überhaupt keinen Hinweis darauf, was hier wohl besprochen wird. Es geht übrigens in dieser Lektion um den Konjunktiv. Sie hat den Titel: *Was würden Sie tun, wenn Sie Politiker wären?*

In beiden Fällen folgt nach der Zeichnung ein Text, in dem eine Grammatikstruktur eingeführt wird.

Ein Hinweis für den Unterricht: Achten Sie in Bildbänden, Magazinen und Tageszeitungen auf Zeichnungen, Karikaturen oder Fotos, deren Beschreibung bestimmte Äußerungsmuster verlangt (Vermutungen, das Passiv, Vergangenheitsformen, Modalverben usw.)! Dazu brauchen Sie keine deutschen Zeitungen.

Zusammenfassung

Geht man von dem aus, was in dem Exkurs zur lernpsychologischen Rolle von Visualisierungen gesagt wurde, so wird bei diesen Beispielen deutlich, daß die Verbindung von konkreten, anschaulichen Bildern und abstrakten Regeln eine wichtige Funktion hat, nämlich die Aktivierung unterschiedlicher "Leistungszentren" im Gehirn. Auf diese Weise soll erreicht werden, daß man sich eine abstrakte Information in Verbindung mit einem Bild besser merkt. Diesen Zweck erfüllen allerdings nur sehr klare und eindeutige Zeichnungen oder Fotos. Dieses Prinzip gilt auch für:

b) Visuell gesteuerte Übungen

Wir wollen hier stellvertretend für viele ähnliche Beispiele in neueren Lehrwerken und als Anregung nur zwei Beispiele für die Möglichkeit, eine Grammatikübung visuell zu steuern, zeigen. Mit jedem Stadtplan können Sie in der Klasse die gleiche Übung durchführen:

Beispiel 1

Lektion 8

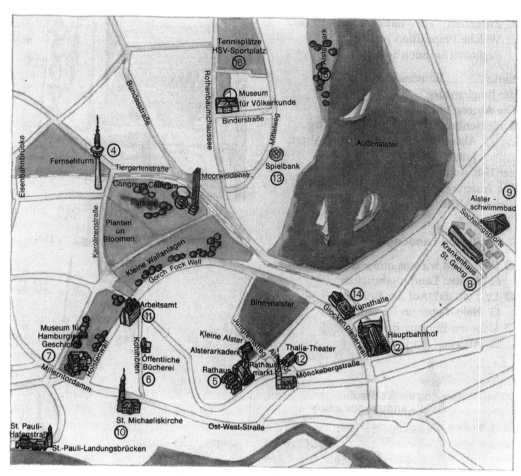

1. WO ist...?

○ Wo ist

   das Rathaus, Thalia-Theater, Arbeitsamt, Krankenhaus St. Georg, Museum für Hamburgische Geschichte?

   die Kunsthalle, Alsterschwimmhalle, Sankt Michaeliskirche, Öffentliche Bücherei, Spielbank?

   der Hauptbahnhof, Alsterpark, HSV-Sportplatz, Tennisplatz Rothenbaum?

■ In der ... straße.
   Am ... platz/markt.

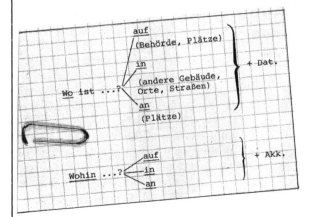

Aufderstraße (1983), 96 (im Original mehrfarbig)

Wenn Sie die Möglichkeit haben, eine Lehrwerkseite auf eine Folie zu kopieren, können Sie das gleiche Unterrichtsverfahren wählen wie im folgenden Beispiel. In dieser Stunde, die auf Video dokumentiert ist, führt Paola Barberis mit einer Klasse, die in Turin seit sechs Monaten Deutsch lernt, die Wechselpräpositionen (Akkusativ/Dativ) ein. Sie hat dazu eine Zeichnung aus dem italienischen Lehrwerk *Sprechen und Sprache* auf eine Folie kopiert und deckt nun einen Teil der Folie ab. Sie fragt jetzt:

Wo treffen sich die Schüler?
Wo liegt das Jugendzentrum?
Wer geht in ein Jugendzentrum?
Was kann man in einem Jugendzentrum machen? usw.

Beispiel 2

Müller (1982), 88

Die Schüler(innen) konzentrieren sich dabei immer auf einen Teil des Bildes und beantworten die Fragen.

Dahl (1988), Video Nr. 41   00:26:04 (nachgestellte Aufnahme)

In der gleichen Stunde erarbeiten die Schülerinnen in Partnerarbeit einen Dialog zwischen zwei Jugendlichen, die sich an einem Ort treffen, den sie auf der Folie sehen, und tragen anschließend den Dialog im Unterricht vor.

Dahl (1988), Video Nr. 41

Selbstversuch

Neben der Tafel, dem Arbeitsblatt und dem Overhead-Projektor gibt es noch ein ganz einfaches Mittel der Visualisierung: den eigenen Kopf.

Machen Sie einmal folgendes Experiment! Schauen Sie auf diese zwei Felder! Beschreiben Sie, was Sie sehen!

Geo Wissen (1989), 215

92

Sie haben sicher vor Ihrem "inneren" Auge ganz deutlich zwei Bilder gesehen.

Das folgende Beispiel für eine solche "Visualisierung im Kopf" entnehmen wir (in vereinfachter Form) dem Buch *Grammar in Action* von Frank / Rinvolucri.

> *Der Autor bittet seine Lernergruppe (Erwachsene), die Augen zu schließen und sich zu entspannen. Er sagt seiner Gruppe nach kurzem Schweigen dann ganz langsam und jeweils mit Pausen, in denen die Bilder im Kopf entstehen können, daß sie sich jetzt vorstellen sollen, daß sie vor ihrer alten Schule stehen, daß sie auf die Tür zugehen, daß sie eintreten, den typischen Geruch von Schulen wahrnehmen und dann durch die Halle, in der es ganz kühl und ruhig ist, auf ihr früheres Klassenzimmer zugehen. Sie sollen dann die Tür öffnen - es wird lauter - und sie stehen dann vor dem Lehrer, den sie am meisten gehaßt haben.*
>
> *Zum Schluß bittet er dann die Lerner, die Augen wieder zu öffnen und zuerst die Schule und dann den Lehrer zu beschreiben, den sie gesehen haben. Für diese Beschreibung brauchen die Lerner dann Adjektive sowie Formen der Vergangenheit.*

Frank (1983), 57

Wir haben Ihnen nun gezeigt, wie die Verbindung zwischen Bildern, Emotionen und Aktivitäten auf der einen Seite und kognitiven Lernaktivitäten auf der anderen Seite in der Unterrichtspraxis funktionieren kann. Um die Möglichkeit, solche Verbindungen in Übungen zu schaffen, geht es auch in dem nächsten Baustein.

4.3 Grammatik spielend lernen – üben – anwenden

Aufgabe 23
Rückblick

Lehnen Sie sich bitte in Ihrem Stuhl zurück! Schließen Sie die Augen und denken Sie bitte einmal darüber nach, wann und ob Sie in Ihrer Schulzeit im Fremdsprachenunterricht "gespielt" haben oder wann und ob Sie als Lehrer mit ihren Lernern "Spiele" im Fremdsprachenunterricht durchgeführt haben!

Schreiben Sie jetzt die Spiele auf, an die Sie sich erinnern!

_____

_____

_____

_____

Wahrscheinlich sind es sehr wenige Spiele gewesen, vielleicht zwei oder drei, vielleicht auch gar keine.

Wahrscheinlich muß man bei diesem Thema mehr als bei anderen die unterschiedlichen Gewohnheiten und Lerntraditionen in den verschiedenen Ländern und Kulturen berücksichtigen. Wenn man Deutsch-als-Fremdsprache-Studenten und -Lehrer zum Thema *Spiele & Grammatik* fragt, so hört man häufig Aussagen wie diese:

Zitate

"Bei uns spielt man in der Schule nicht."

"Was hat denn Spielen mit Grammatik zu tun?"

"Die Schüler sollen arbeiten und nicht ihre Zeit mit Spielen vergeuden"

"Ich habe so viele Schüler, da kann man im Unterricht nicht spielen."

"Meine Schüler wollen nicht spielen, die wollen etwas lernen!"

In den letzten Jahren sind viele Aufsätze zum Thema *Spielen im Fremdsprachenunterricht* und Spielesammlungen erschienen. In unseren Literaturhinweisen finden Sie eine Auswahl nützlicher Bücher. Trotzdem ist das geplante Lernspiel im Unterricht wohl immer noch die Ausnahme. Auch Lehrwerke enthalten nur selten spielerische Ansätze, noch seltener dann, wenn es um Grammatik geht.

In diesem Baustein wollen wir Ihnen Mut und Lust machen, Ihren Unterricht mit spielerischen Übungen zu bereichern und auch die Grammatik auf eine andere Art zu festigen, zu üben und anzuwenden.

Begründung zur
Inhaltsauswahl

Wir wollen Ihnen zu diesem Zweck nicht einfach eine Reihe von Spielen vorstellen - das tut jede Spielesammlung mehr oder weniger ausführlich. Es geht auch nicht um eine theoretische Systematik zum Spielen im Fremdsprachenunterricht, die für die Unterrichtspraxis nichts bringt. Wir wollen statt dessen sechs Spielp r i n z i p i e n vorstellen, die Sie nicht nur im Zusammenhang mit e i n e r grammatischen Struktur und mit e i n e m Thema verwenden können. Es sind Prinzipien, die Sie variieren und damit den Möglichkeiten Ihrer Lernergruppen und Ihres Unterrichts anpassen können, Prinzipien, die den Gegensatz zwischen "Übung" und "Spiel" eigentlich aufheben.

Bevor wir mit der Vorstellung von spielerischen Übungsprinzipien beginnen, eine Vorbemerkung zum Thema *Spielanleitungen*. Die Formulierung einer Spielanleitung ist vielleicht das Wichtigste am Unterrichtsspiel. Sie entscheidet über Erfolg oder Mißerfolg eines Lernspiels. Dazu eine persönliche Erfahrung aus Lehrveranstaltungen mit Studenten und Lehrern:

Praxiserfahrung

In Fortbildungsveranstaltungen haben wir häufig Beispiele aus den vielen Spielesammlungen (siehe Literaturverzeichnis) vorgestellt und besprochen. Dabei hat sich gezeigt, daß viel "Spielerfahrung" dazu gehört, auf den ersten Blick zu erkennen, ob ein Spiel wirklich einen Lernerfolg bringt, Spaß macht oder überhaupt nur funktionieren kann. Oft steckt der Teufel im Detail, und eine schöne, ausformulierte Spielanleitung klappt dann in der Praxis nicht oder erweist sich als unvollständig oder unrealistisch in bezug auf die vorgegebene Zeit.

Das Lesen und Verstehen einer Spielanleitung reicht als Vorbereitung für ein Lernspiel im Unterricht nicht aus. Spielanleitungen lesen und verstehen ist e i n e Sache, Spiele spielen ist eine ganz a n d e r e Sache. D e s h a l b : Spiele nach Möglichkeit niemals nur lesen, sondern im Hinblick auf den eigenen Unterricht durchdenken, anpassen und s p i e l e n !

Spielprinzip 1:   Wörtersuche

Spielprinzip 1

Beispiel: Verbsuche

Beispiel

Viele Grammatikübungen im Deutschen und in den meisten anderen Sprachen haben das korrekte Erkennen und Vervollständigen von Verbformen in den verschiedenen Zeiten und Personen zum Ziel.
Traditionellerweise geschieht dies dadurch, daß man das im Lehrbuch abgedruckte System einfach lernen läßt.

Ein Beispiel für eine solche Grammatiktabelle, wie wir sie in jedem Lehrwerk finden, ist aus *Deutsch aktiv*.

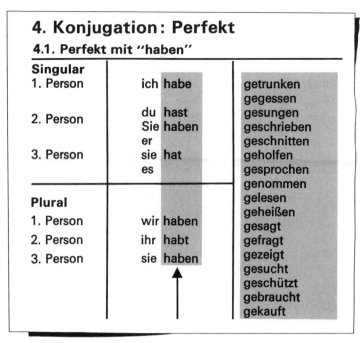

4. Konjugation: Perfekt

4.1. Perfekt mit "haben"

Singular		
1. Person	ich **habe**	getrunken
		gegessen
2. Person	du **hast**	gesungen
	Sie **haben**	geschrieben
	er	geschnitten
3. Person	sie **hat**	geholfen
	es	gesprochen
		genommen
Plural		gelesen
		geheißen
1. Person	wir **haben**	gesagt
2. Person	ihr **habt**	gefragt
3. Person	sie **haben**	gezeigt
		gesucht
		geschützt
		gebraucht
		gekauft

Neuner (1979), 124 (im Original mehrfarbig)

Unterrichtsverfahren

Die Arbeit mit dieser Grammatiktabelle im Unterricht läuft dann ungefähr so:

Der Lehrer liest eine Verbform vor und erfragt eine oder alle anderen:

Lehrer: *"Gehen?"*
Schüler: *"Hmm, ... ging ... gegangen."*
Lehrer: *"Richtig!"*

Aufgabe 24

Analysieren Sie dieses Vorgehen! Welche Probleme können sich für den Lehrer und die Schüler ergeben?

_____

_____

_____

_____

_____

_____

_____

Auswertung

Dieses Vorgehen, bei dem der Lehrer meist in der Muttersprache eine Regel erklärt und dann Wörter wie Komparative, Superlative oder konjugierte Verbformen einzeln abfragt, ist vor allem für den Lehrer arbeitsintensiv, er befindet sich in einem Dauerdialog mit jeweils einem Schüler. Die Schüler brauchen nur momentan aufmerksam zu sein. Ein Schüler muß jeweils nur eine Antwort geben. Die Aktivität der Schüler besteht darin, möglichst nicht aufzufallen. Das heißt, sie versuchen, den Lehrer nicht anzusehen, damit sie nicht antworten müssen. Wenn der Lehrer dann noch die Schüler der Reihe nach abfragt, können sich Schüler schon ausrechnen, bei welchem Wort oder Satz sie antworten müssen und können sich vorbereiten. Da die Verben systematisch in der Tabelle aufeinanderfolgen, können die verschiedenen Formen relativ mechanisch nachvollzogen werden. Dabei werden bei den Schülern vorwiegend Fertigkeiten des Memorisierens und Reproduzierens gefordert. Die Schüler reagieren nur auf Lehrerimpulse.

Nachteile

Die Nachteile eines solchen Modells des Erklärens und Abfragens sind zahlreich:

➤ Der Lehrer steht immer im Zentrum.
➤ Die Kommunikation und Interaktion im Unterricht beschränkt sich auf den Kontakt zwischen dem Lehrer und jeweils einem Schüler.
➤ Die Korrektur erfolgt nur durch den Lehrer.
➤ Die Schüler sind praktisch isoliert und konzentrieren sich nur auf den Lehrer.
➤ Es gibt keinerlei Aktivitäten, die über die Erfüllung der Aufgabe hinausreichen.
➤ Nur ein sehr kleiner Teil der Schüler kann und soll jeweils etwas "sagen", die anderen bleiben stumm.

Alternative

Dazu ein Alternativvorschlag: (Idee nach: Rinvolucri, *Grammar Games* 1984, 124-126)

Die Verbsuche

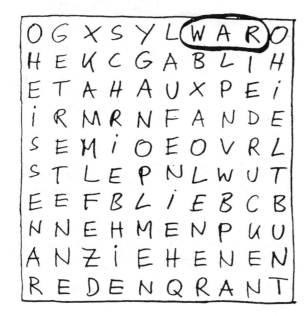

Welche Anweisung(en) würden Sie den Schülern zu diesem Arbeitsblatt geben? Versuchen Sie, mit Ihrer Arbeitsanleitung möglichst viele der oben angesprochenen Kritikpunkte zu berücksichtigen!

Aufgabe 25

Vergleichen Sie Ihre Ideen nun mit diesem "Spielvorschlag"!

> Anweisung an die Teilnehmer:
> Bearbeiten Sie das Blatt paarweise (mit Ihrem Nachbarn etc.) und schreiben Sie alle Verbformen , die Sie finden, auf! Ergänzen Sie dabei die fehlenden Formen! Beziehen Sie sich dabei auf das Beispiel (Ausriß) auf dem Arbeitsblatt!

Wahrscheinlich sieht Ihre Arbeitsanleitung etwas anders aus. Das heißt nur, es gibt nicht nur eine mögliche Methode, um mit diesem Blatt zu arbeiten.

Übrigens: Folgende Verbformen sind in dem Quadrat enthalten (senkrecht und waagerecht):

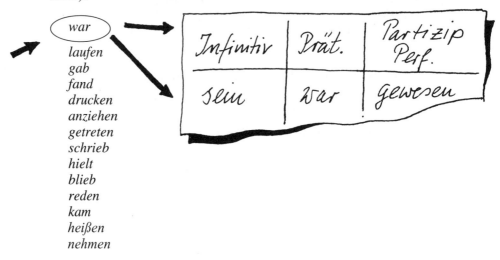

An diesem Punkt sind schon deutliche Unterschiede zu dem zuerst beschriebenen Vorgehen beim Erklären und Abfragen von Grammatik festzustellen.

Analyse

1. Die Teilnehmer müssen ein "Rätsel" lösen, in gewissem Sinn einen "Text" lesen und dabei die gelernten Kriterien für die Verbformen anwenden.

2. Alle Schüler arbeiten gleichzeitig.

3. Der Lehrer hat Zeit, durch die Klasse zu gehen und weniger schnellen Schülern zu helfen.

4. Die Schüler arbeiten nicht allein, sondern mindestens zwei Teilnehmer bearbeiten gleichzeitig die Aufgabe, sie können einander helfen und müssen über die Grammatik sprechen.

5. Die Schüler können sich in der Partnerarbeit "verstecken". Sprechhemmungen werden abgebaut, da der Lehrer nicht jeden Fehler gleich mitbekommt.

Vorschläge
zu Varianten

Wie könnte man den "Spielcharakter" dieser Übung etwas mehr betonen ? Haben Sie eine Idee?

Wir haben uns überlegt, daß man die bestimmt relativ lange Phase der Zusammenarbeit der Partner "stören" könnte, indem man in einem vom Lehrer bestimmten Rhythmus jeweils einen der Partner (sagen wir : den Partner rechts) zu der nächsten Zweiergruppe wechseln läßt.
Dies hätte den Vorteil, daß ...

> ➤ ... Bewegung in die Gruppe kommt,
> ➤ ... Unterschiedliche Leistungsstände durch den Wechsel ausgeglichen werden müssen, (was natürlich zu Ärger bei einzelnen Mitspielern führen kann - aber das ist auch Teil des Spiels),

➤ ... alle sich bemühen, möglichst schnell durch die Übung zu kommen, das heißt, die Aktivitäten sind sehr intensiv,

➤ ... Sitzordnungen verändert werden (zumindest zeitweise) und so ein besseres Kennenlernen der einzelnen Teilnehmer erfolgt.

Unterrichtsvorschläge

Vielleicht sagen Sie jetzt, daß der Wechsel der Arbeitspartner bei vielen Schülern in einem kleinen Unterrichtsraum nicht so leicht zu organisieren ist. Wie wäre es mit folgender Alternative: Teilen Sie Ihre Klasse in zwei Gruppen und bearbeiten Sie das Blatt als ein Wettspiel! Gewonnen hat, wer in einer bestimmten Zeit die meisten Wörter gefunden hat. Statt die Plätze zu wechseln, müssen die Arbeitspartner in jeder Gruppe nun nach jeweils einigen Minuten das Arbeitsblatt an die rechts von ihnen sitzenden beiden Schüler weitergeben. Das Spiel wird dadurch schneller, Niveauunterschiede in den beiden Gruppen werden ausgeglichen, die Konzentration erhöht sich.

Lehreraktivität

Der aktive Arbeitsanteil des Lehrers ist bei diesem intensiven "Unterricht" gering. Er "unterbricht" die Arbeit, er hilft, wenn nötig, er kann in Ruhe die Aktivitäten beobachten etc., wenn nötig, kann er in dieser Zeit auch die Auswertungsphase vorbereiten, vielleicht noch einmal auf bestimmte Prinzipien der Partizipbildung verweisen, dazu ein Tafelbild anlegen usw... Der aktive Arbeitsanteil der Schüler ist sehr hoch. Sie müssen intensiv und konzentriert lesen, nach Buchstabenkombinationen suchen und sich mit ihren Arbeitspartnern beraten.

Wenn man Spielprinzipien möglichst variabel anwenden will, dann ist es wichtig, sich zu überlegen, welche die einzelnen Variablen eines solchen Ansatzes sind. Versuchen wir gemeinsam, an diesem Beispiel die Variablen zu benennen und zu variieren!

Variable

Zunächst fällt dabei die *Form* des Arbeitsblattes auf, das Verstecken der gesuchten Begriffe. Diese Form muß nicht notwendigerweise so aussehen wie in unserem Beispiel. Wichtig ist nur, daß ein "Suchen" stattfinden kann, also ein Anreiz besteht, sich mit der Aufgabe auseinanderzusetzen. Das bedingt z.B. die Großschreibung aller Buchstaben. Nur auf diese Weise müssen die Schüler wirklich intensiv suchen.

Eine weitere Variable ist das *grammatische Problem*, das bearbeitet werden soll, hier: Verben und ihre Zeitformen.
Der Lehrer könnte den "Spielrahmen" jedoch auch mit anderen grammatischen Stoffen füllen und außerdem, vielleicht mit Abwandlungen, mehrfach und an verschiedenen Orten des Grammatikunterrichts verwenden.

Beschreiben Sie! Welche anderen grammatischen Strukturen lassen sich Ihrer Meinung nach mit einem solchen "Modell" im Unterricht erarbeiten und üben?

Aufgabe 26

_____

_____

_____

_____

_____

Ein besonders wichtiger Punkt, der variiert werden kann und soll, ist die Frage der *Durchführung* des Spiels. W i e man eine Aktivität in der Lerngruppe durchführt, hängt eng damit zusammen, welche Formen des Lernens den Schülern vertraut sind.

Nehmen wir wieder unser Beispiel. Bei *kleineren Lerngruppen* von z.B. 10 Teilnehmern oder sogar weniger könnte auf die "Partnerarbeit" verzichtet werden; man läßt die einzelnen Teilnehmer einfach zwischendurch die Plätze tauschen, wobei sie dann mit den Arbeitsblättern ihrer Mitlerner arbeiten müßten. Bei *Großgruppen* kann die Zahl der Teilnehmer, die zusammenarbeiten sollen, auch auf 3 oder 4 erhöht werden. Dann werden z.B. jeweils 2 aus jeder Gruppe weitergeschickt.

Soll ein Spiel erfolgreich sein, so hilft es, wenn man sich vorher auch darüber klar wird, welche Fehlerquellen möglicherweise in der Spielanlage enthalten sein können. Was kann bei der Verbsuche alles falsch gemacht werden?

In der **Form** des Arbeitsblattes:

➤ Schreibweisen, aus denen der Zusammenhang, in diesem Fall die Verbformen, sofort erkennbar sind.

➤ Groß-und Kleinschreibung bei Nomen. Die Aufgabe wird dann sehr leicht. Besser alles in Großbuchstaben, dann bleibt die Aufgabe anspruchsvoller.

➤ Es entstehen unerwünschte Wörter.

Beim **Inhalt:**

➤ Es werden Probleme und Strukturen versteckt, die nicht eindeutig zugeordnet werden können.

Noch ein paar Hinweise zur Durchführung des Spiels:

Partnerarbeit bedeutet, daß die Teilnehmer auch wirklich zusammenarbeiten m ü s s e n und es nicht dem Zufall überlassen werden darf, ob sie auch zusammenarbeiten wollen. Das heißt, daß pro Gruppe auch nur e i n e i n z i g e s Arbeitsblatt ausgeteilt wird. Dieser Tip gilt übrigens für jede Partnerarbeit! Ein zweites Blatt, zum Festhalten der Arbeitsergebnisse, kann am Ende der Stunde ausgeteilt werden. Wenn jeder Teilnehmer sein eigenes Arbeitsblatt hat, dann ist die Chance, eine wirkliche (begründete) Zusammenarbeit zu erreichen, gering.

Spielerische Aktivitäten, vor allem solche, die eventuell mit einem "Sieger" enden, leben von der Gerechtigkeit bei der Durchführung. Teilen Sie daher Arbeitsblätter oder Kärtchen so aus, daß niemand einen Vorteil hat (z.B. mit der Rückseite nach oben).

Versuchen Sie, Dynamik und Schnelligkeit in die Aktivitäten zu bringen. Es gibt nichts Tödlicheres als einen langweiligen "Spielverlauf". In unserem Beispiel: Auf ein Händeklatschen (oder ähnliches) müssen wirklich alle rechten Nachbarn die Plätze wechseln. Je nach der Sitzordnung einen Tisch (nach links etc.) weiter oder im Uhrzeigersinn etc... Diese Bewegung muß jedoch v o r Beginn des Spiels a l l e n T e i l n e h m e r n klar sein.

Dem Lehrer bleibt bei diesem Ansatz die Kontrolle des Spielergebnisses bzw. die Nachbereitung. Um sich die Kontrolle von richtigen Ergebnissen zu erleichtern, sollte er sich in unserem Beispiel die Zahl der vorhandenen Verben notieren (z.B. 14). Jede genannte Zahl, die darüber oder darunter liegt, ist zunächst falsch.
Die siegreiche Gruppe "darf" dann die Verben mit den ergänzten Verbformen vorlesen. Fehler und Fragen werden dann gemeinsam in der Klasse korrigiert.
Verglichen mit den oben beschriebenen traditionellen Ansätzen sind die Teilnehmer hier auf vielfältige Weise "beschäftigt", "lernen" und produzieren sprachliche Formen in mündlicher (gegenseitiges Diskutieren über die Richtigkeit), in schriftlicher (Notieren der Formen) und in interaktiver Form (Auseinandersetzung, Anpassung und Zusammenarbeit mit ständig wechselnden Bezugspartnern).

Vielleicht sollten wir abschließend noch erwähnen, daß das alles natürlich auch mehr Spaß macht als ein Unterricht, in dem der Lehrer ständig unangenehme Fragen stellt.

Wir haben nun ein Spielbeispiel sehr ausführlich dargestellt und können jetzt weitere Spielideen vorstellen. Dabei sollten Sie die eben besprochenen Variablen nicht vergessen.

Spielprinzip 2: Ungewöhnliche Sprech- und Schreibanlässe

Spielprinzip 2

Beispiel: Begründen Sie das!

Beispiel

Es ist fast unmöglich, auf traditionelle Weise in einer Großgruppe die Teilnehmer in einer Kursstunde alle mindestens einmal zum Sprechen zu bringen. Wir alle wissen, daß der Redeanteil des Lehrers während einer normalen Kursstunde viel zu groß ist. Hier ein Beispiel, wie durch geschickte Aufteilung der Gesamtgruppe ein großes Maß an Teilnahme sichergestellt werden kann.

Das Grammatikthema sind kausale Satzverbindungen, (*weil, da, denn, aber, um zu, ohne zu* etc.). Im Lehrwerk *Deutsch konkret* finden wir dazu oft Übungen dieses Typs:

Ü23 Setze Konjunktionen ein und bilde längere Sätze:

1. nachdem 2. damit 3. obwohl 4. bevor 5. als 6. während 7. um zu 8. ohne zu 9. weil 10. solange 11. seit 12. wenn 13. als ob 14. sobald 15. bis

1. Die Prinzessin küßte den Frosch. Sie verwandelte sich in eine Froschfrau. 2. Ich werde jetzt immer freundlich zu meinem Lehrer sein. Ich will eine bessere Note bekommen. 3. Ich habe noch nie einen grünen Hund gesehen. Ich weiß, daß sie rote Augen haben. 4. Zuerst schaut man sich die Grammatik an. Dann macht ma die Übung. 5. Die Jugendlichen kamen aus der Schweiz zurück. Sie konnten viel erzählen. 6. Eini besuchten eine Molkerei. Die anderen besichtigten einen Bauernhof. 7. Die französische nach Deutschland. Sie wollten Kaufungen besuchen. 8. Die beiden Jungen saßen Disco. Sie tanzten nicht. 9. Einige Schüler kamen nicht zur Demonstr 10. Ich habe kein Fahrrad. Ich muß zu Fuß gehen. 11. Dracula geht es gut. Ich habe Ferien. 13. Rocky ist das Buch noch nicht gefunden verdienen.

Neuner (1985), 79

Häufig läßt sich der Lehrer auch spontan Sätze einfallen von der Art: *Ich habe Geld. Ich kaufe ein Auto* und die Schüler ergänzen: *Wenn ich Geld habe, (dann) kaufe ich ein Auto.* Das alles ist zeitaufwendig, läßt nur wenige Schüler zu Wort kommen und macht keinen Spaß.

Unterrichtsverfahren

Hier unser "Spielvorschlag": (Idee nach Rinvolucri, *Grammar Games* 1984, 137)

Alternative

Erzählen Sie den Teilnehmern eine ungewöhnliche Geschichte:

> *Als ich heute morgen im Bus saß, habe ich etwas Seltsames beobachtet. Mir gegenüber saßen zwei Herren. Der eine hatte schwarze Socken an, der andere weiße. Plötzlich zog jeder von ihnen eine Socke aus und tauschte sie mit dem anderen Mann. An der nächsten Haltestelle stiegen sie aus, und jeder hatte eine weiße und eine schwarze Socke an.*

Fordern Sie die Teilnehmer auf, so viele Begründungen oder Erklärungen für dieses Verhalten aufzuschreiben, wie ihnen einfallen (5- 10 Sätze). Sie sollen dabei die an der Tafel stehenden Strukturen verwenden.

Die Männer haben die Socken getauscht, ... → um ... zu
weil
······▶ damit
obwohl
denn

Nachdem jeder einzelne Teilnehmer einige Begründungsversuche in Satzform notiert hat, lassen Sie 4er-Gruppen bilden. Die Teilnehmer sollen jetzt ihre Ergebnisse einander vorlesen und entscheiden, welche drei Begründungen ihnen pro Gruppe am besten gefallen. Diese Sätze werden dann von den Gruppenmitgliedern an die Tafel geschrieben.

Aufgabe 27

> *Versuchen Sie bitte, dieses Spiel für Ihre Adressatengruppe vorzubereiten: Was müßte verändert werden? Was könnte man erweitern?*
>
> _____
>
> _____
>
> _____
>
> _____
>
> _____
>
> _____
>
> _____

Mögliche Alternativen:

Die Anzahl der Sätze wird genau vorgegeben mit jeweils einer Struktur.

Die Teilnehmer erfinden in Gruppen selbst Geschichten nach diesem Muster. Die beste wird ausgewählt und dann wie oben bearbeitet.

Die Teilnehmer schreiben ihre Begründungen auf Kärtchen. Die Kärtchen werden eingesammelt, gemischt, und jeder zieht drei Kärtchen. Davon legt man nur ein Kärtchen zurück. Wieder wird gemischt. Jeder zieht ein Kärtchen. Erst jetzt wird in Vierergruppen entschieden, welcher Satz pro Gruppe der einfallsreichste ist und welcher dann angeschrieben wird.

Sie sehen, daß mit diesen Spielteilen wirklich variiert werden kann, solange man das Ziel im Auge behält. Bei diesem Spiel sind auch sehr viele Teilnehmer gleichzeitig beteiligt. Und auch hier steht die Eigenkontrolle durch die Schüler im Vordergrund. Wenn die Gruppenmitglieder ihre Sätze vortragen, dann haben sie ein Interesse daran, dieses fehlerfrei zu tun, es könnte ja sein, daß ihr Satz an der Tafel steht. Dem Lehrer fällt auch bei diesem Ansatz eher eine steuernde Funktion zu. Er kann in aller Ruhe von Gruppe zu Gruppe wechseln und, wo nötig, Hilfestellung leisten.

Alternative: Statt einer ungewöhnlichen Geschichte kann die Vorgabe auch in einem interessanten Gegenstand oder einem Foto bestehen, wie hier in diesem Beispiel aus der Diaserie *Mir fällt auf...* von Eichheim u.a..

Eichheim (1981), Dia 35/36

Spielprinzip 3: Fehlerkorrektur als Spiel

Beispiel: Fehlerversteigerung

Häufig hat der Lehrer bei der Korrektur von Schülerarbeiten fehlerhafte Sätze, die von so vielen Teilnehmern geschrieben wurden, daß er diese typischen Fehler gerne für alle besprechen würde. Eine reine Besprechung jedoch ist für viele ermüdend, besonders dann, wenn sie selbst von diesem Fehler nicht betroffen sind. Wir möchten Ihnen nun einen Ansatz vorstellen, dieses Problem zu lösen, der auch viel Spaß machen kann.

Spielbeschreibung: (Idee nach Rinvolucri, *Grammar Games* 1984, 18-21)

Der Lehrer schreibt ca. 15 Sätze auf ein Arbeitsblatt, davon 5 richtige und 10 falsche (möglichst Originalfehler der Schüler). Dann spricht er einleitend mit den Schülern über den Begriff *Versteigerung / Auktion* und klärt Verständnisschwierigkeiten (z.B.: *das Gebot, zum ersten / zum zweiten / zum dritten usw.*). Je zwei (drei) Schüler erhalten ein Arbeitsblatt und lesen sich die Sätze kurz (1 Minute) durch. Dann beginnt die Versteigerung. Jedes Paar (jede Gruppe) hat 5000 DM zur Verfügung. Das Mindestgebot pro Satz beträgt 200 DM. Gewonnen hat, wer die meisten richtigen Sätze ersteigert hat und auch noch das meiste Geld besitzt. Das bedeutet, man muß das Geld klug einteilen und darf möglichst keine falschen Sätze ersteigern.

Der Lehrer liest nun den ersten Satz möglichst so natürlich vor, als sei er richtig, und erbittet dann die Gebote:

Also meine Damen und Herren, wir beginnen unsere Versteigerung, Sie kennen alle die Bedingungen, und wir kommen zum ersten Satz. Ein wunderschöner kurzer Satz mit landeskundlicher Bedeutung: "Köln liegt an der Rhein." Wer bietet 200 DM für diesen Satz ...? usw .

Versteigerung		bezahlt	Rest
1. Gestern ich war im Kino.	*(f)*	800	4.200
2. Meine Katze ist lieb.	*(r)*	1.200	3.000
3. Warum hat du mich nicht angerufen			
4. ...			

Wenn z.B. bei 800 DM niemand mehr bietet, dann wird der Satz verkauft und erst jetzt erfahren die Teilnehmer: *Der Satz ist falsch, er muß heißen: Köln liegt **am** Rhein.* Statt einer grammatischen Erklärung geht es jedoch sofort weiter mit Satz 4, dann Satz 7, jedenfalls so, daß sich die Teilnehmer nicht allzusehr auf eine Reihenfolge verlassen können. Das ist wichtig und trägt zum Reiz des Spiels bei. Am Ende der Versteigerung wird der Gewinner ermittelt. Jemand - der Lehrer oder ein sehr guter Teilnehmer - muß die Käufer und die Preise mitnotieren, und dann gibt es einen Durchgang durch die einzelnen Sätze mit grammatischen Erklärungen, der jedoch jetzt, aufgrund der intensiven "Denkarbeit" der Teilnehmer, relativ rasch verlaufen kann.

Alternative:

-   Die Teilnehmer fertigen selbst zu Hause "Versteigerungsangebote" an und führen die Versteigerung durch.
-   Es gibt mehrere "Auktionatoren", die die Versteigerung leiten.

Der Vorteil dieser "Fehleranalyse" liegt auf der Hand: Intensive Beschäftigung mit der Syntax, schnelles Hypothesenbilden und eine echte Motivation herauszufinden, warum denn der so teuer gekaufte Satz falsch war.

Aufgabe 28

Entwerfen Sie nun ein Auktionsangebot mit ca. einem Drittel fehlerhafter Sätze! Versuchen Sie, dabei solche Fehler unterzubringen, die Ihre Schüler immer wieder produzieren und die Sie dann in der Klasse besprechen können! Achten Sie dabei darauf, daß die Fehler grammatisch markiert sein sollten, das heißt, daß man eindeutig erkennen muß, warum das jetzt falsch ist!

*Der **Man** kaufte einen Hut.   (Nur Rechtschreibfehler)*

*Der Mann kaufte ein**em** Hut .   (Grammatikfehler)*

Zum Schluß noch eine Idee aus einer Weiterbildungsveranstaltung:

> Japanische Deutschlehrer haben zum Thema *Fehlerkorrektur* vorgeschlagen, die Klasse als einen "Fehlerreparaturbetrieb" zu organisieren. Das heißt, Fehler werden in der Gruppe repariert, die Gruppen berichten dann, was sie repariert haben.

Spielprinzip 4: Ratespiel / Wettbewerb

Spielprinzip 4

Beispiel 1: Fragen raten

Beispiel 1

Ausgangssituation

Die Situation *Lehrerfrage / Schülerantwort* ist wohl ein Standardmuster des Sprachunterrichts. In der Regel fragen Lehrer nach Dingen, die sie sowieso schon wissen. Wenn die Schüler einmal das Fragenstellen üben, so ist das meistens stark gelenkt, entweder durch das Lehrbuch oder durch den Lehrer, der nach bestimmten Teilen des Satzes fragen läßt. Insgesamt kann man wohl sagen, daß im Unterricht und in Lehrwerken zu wenige freiere Übungen zum Stellen von Fragen durch die Schüler durchgeführt werden.

Alternative

Wir möchten Ihnen eine einfache Spielübung zur Entwicklung von Fragen vorschlagen, die Sie zu einem Zeitpunkt einsetzen können, zu dem die Fragepronomen bereits eingeführt worden sind:

Ein Teilnehmer flüstert einem anderen eine Frage ins Ohr (Es darf keine ja/nein-Frage sein). Dieser gibt darauf laut eine Antwort. Die anderen müssen erraten, was er gefragt wurde.

Beispiel:

> Frage (leise):   *Was machst du am Wochenende?*
> Antwort (laut): *Ich spiele Fußball.*

Andere Fragen wären:

> *Was machst du am liebsten?*
> *Was ist dein Hobby?*
> *Treibst du Sport?*
> *Was machst du heute nachmittag?*
> *Was machst du in der Freizeit?*
> etc.

Zusätze: In einer Großgruppe kann man Untergruppen bilden und parallel arbeiten lassen.

Alternative: Der Lehrer schreibt Fragen und Antworten auf getrennte Kärtchen und läßt jeden Schüler jeweils eine Karte ziehen. Die Schüler laufen dann alle in der Klasse herum und "suchen " ihre Entsprechungen.

Tip

Es kommt immer wieder vor, daß bei einigen Spielansätzen einige Teilnehmer sehr schnell fertig sind. Diese Teilnehmer können als Helfer eingesetzt werden. In diesem Fall könnten sie einige Fragetypen an die Tafel schreiben.

Beispiel 2: Satzbildung oder Satzumformung als Fußballspiel

Wir möchten Ihnen nun einen Vorschlag machen, wie Sie das eben dargestellte Spiel oder andere Spiele durch einen Wettbewerb variieren können. Auf diese Weise können Spiele schneller und interessanter gemacht werden.

Oft sagen uns Lehrer, daß ihnen die Größe ihrer Klassen keine Möglichkeit zum Spielen läßt. Bei diesem Spielprinzip spielt die Gruppengröße keine Rolle.

Häufig braucht man mehr Übungen zu den einzelnen Lektionen oder zu den Grammatikkapiteln als im Buch vorhanden sind. Diese Übungen werden dann in der Regel aus anderen - meistens aus älteren - Lehrwerken kopiert und ergänzen so den Unterricht. Häufig stimmen aber Wortschatzprogression oder thematischer Bezug überhaupt nicht mit dem momentanen Stand der Klasse überein. Versuchen Sie doch einmal, die Übungen von der Klasse selbst entwickeln zu lassen. Alles, was sie brauchen, ist ein Schema, das einen "Spielverlauf" kennzeichnet und das entsprechende Thema der Übung z.B.: Aktiv / Passiv

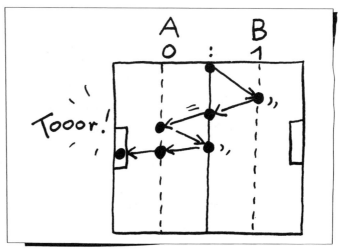

Spielbeschreibung:

1. Die Gruppen schreiben je 10 Sätze im Aktiv (oder Passiv) auf, die sie natürlich auch selbst richtig umformen können müssen.
2. Ein Teilnehmer der Gruppe A liest einen Satz vor *(Mein Vater brachte meine Mutter zum Bahnhof)* und fordert
   a) die Gruppe B
   b) oder einen bestimmten Teilnehmer der Gruppe B
auf, sofort die entsprechende Umformung zu bilden. *(Meine Mutter wurde von meinem Vater zum Bahnhof gebracht).*

Wenn die Antwort richtig ist, rollt der Ball in Richtung gegnerisches Tor. Wenn die eigene Gruppe die Antwort jedoch auch falsch gibt, dann gerät sie selbst in Gefahr, das heißt der "Ball", der eine Münze auf dem Overheadprojektor oder ein Kreidekreis an der Tafel ist, rollt auf *ihr* Tor zu.

Alternativen:

Damit von den Gruppen nicht immer der schwächste Schüler gewählt wird, um die Fragen zu beantworten, muß immer ein neuer Schüler antworten.

➤ Ein Nachbar (rechts/links) darf ihm helfen.

➤ Beide Nachbarn dürfen helfen.

➤ Wichtig ist dabei, daß das Spiel nicht an Tempo verliert.

Die Schüler werden sich bei diesem Ansatz bemühen, möglichst komplizierte Sätze für die gegnerische Gruppe zu finden. Sie müssen gleichzeitig aber auch darauf achten, daß sie selbst diese Sätze lösen können.

Praxiserfahrung

Denken Sie noch an die Zitate von Lehrern und Schülern auf der ersten Seite dieses Bausteins, die zum Ausdruck bringen, daß Spielen und Grammatiklernen nichts miteinander zu tun haben? Vergleichen Sie dieses Spielprinzip einmal mit einer einfachen Reihenübung zum Abfragen, wie Sie sie in jedem Lehrwerk finden. Die grammatische Arbeit, die bei diesem Ansatz geleistet wird, das Übungspotential ist enorm und lohnt den Zeitaufwand während der Stunde.

Zwischenüberlegung

Skizzieren Sie Themen und Ansätze, die Sie auf diese Weise bearbeiten könnten!

Aufgabe 29

Schreiben Sie eine Spielanleitung für die Klasse auf!

Aufgabe 30

a) Ideal sind ausgangssprachlich homogene Lernergruppen. Hier ist die Verwendung der Muttersprache möglich, so z. B. bei Übersetzungen / Rückübersetzungen von:
- ➤ Einzelwörtern
- ➤ kleineren Sätzen
- ➤ Umschreibungen

b) Ansonsten eignet sich einfach alles, was in irgendeiner Weise "umgeformt" oder ergänzt werden kann:
- ➤ Superlative *(Kebab schmeckt gut - ... schmeckt am besten)*
- ➤ Partizipien *(schreiben - geschrieben)*
- ➤ Nominalisierung *(kaufen - der Kauf)*
- ➤ Satzergänzungen *(Wenn ich Geld hätte ... , dann würde ich ein Auto kaufen)*
- ➤ etc.

Wie Sie festgestellt haben, sind alle bisher beschriebenen Ansätze oder Prinzipien fast ohne Material, d.h. größere Vorarbeiten von Seiten des Lehrers ausgekommen. Es ist auch wahrscheinlich unrealistisch zu erwarten, daß sich ein Lehrer stundenlang zu Hause mit der Fertigung von komplizierten Spielvorlagen beschäftigt, die dann nur Material für 5 Minuten Unterricht in der Klasse hergeben. Wenn man aber mit einem einmal hergestellten Spielansatz unter Umständen viele Stunden in verschiedenen Klassen sehr sinnvoll arbeiten kann, ist ein wenig mehr Aufwand gerechtfertigt. Dies gilt zum Beispiel für unsere letzten beiden Spielprinzipien.

Spielprinzip 5: Spiele mit Karten

Beispiel: Sätze bauen

Satzkärtchen:

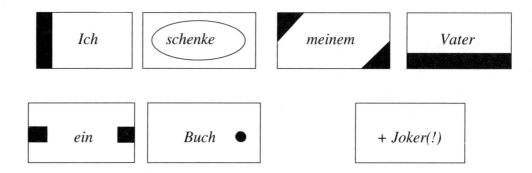

Gerade im Anfangsunterricht ist es wichtig, daß die Lerner aktiv die Wortstellung im Deutschen "begreifen". Begreifen hat im Deutschen zwei Wortbedeutungen: *Verstehen* und *Anfassen.* Beide Wortbedeutungen sind auch für den Grammatikunterricht wichtig. Spiele mit Karten sind *Grammatikunterricht zum Anfassen.*

Ein Umschlag mit Wortkarten und die Aufforderung, in Gruppen möglichst viele Sätze zu bilden, hat schon manche Klasse aus ihrer passiven Haltung herausgeholt. Der Bausteincharakter der Sätze hilft außerdem, sich über Farben (Markierungen) und Bewegung (Verschieben der einzelnen Teile) Zusammenhänge dauerhafter einzuprägen. Das Einbauen eines "Jokers" fördert das kreative Füllen von Lücken.

Folgende Verfahren zum Herstellen von solchen Kartenpäckchen bieten sich an:

a) Der Lehrer macht alles.
b) Das Anfertigen von Spielkarten wird vom Lehrer zunächst allein gemacht, beim nächsten Mal aber werden die Spielkarten als Teil des Unterrichts angefertigt.

Die einzelnen Arbeitsschritte dazu können so aussehen:

1. Für ein arbeitsgleiches Verfahren (alle Gruppen bearbeiten die gleichen Karten): Der Lehrer schreibt jedes Wort des Satzes auf ein dafür bestimmtes farbiges Kärtchen und das z.B. 4 x (für vier Gruppen).

oder:

2. Er teilt ein DIN-A4-Blatt in acht oder mehr Felder ein,
   - fotokopiert dieses Blatt entsprechend der Menge seiner geplanten Übungssätze,
   - beschriftet die Felder mit den Satzteilen seiner Übungssätze,
   - markiert (z.B. wie auf Seite 108 unten) die Satzteile
   - und fotokopiert das Ganze noch einmal (pro Gruppe ein Set),
   Dann klebt er die Seiten auf stärkeres Papier und schneidet die Teile aus.

3. Für ein arbeitsteiliges Verfahren: Er fertigt z.B. vier verschiedene Versionen der Vorlage an, die er dann auch gleich z.B. auf farbige Kärtchen schreiben kann. Die Sätze sind dann zwar in der Struktur gleich, der Wortschatz aber variiert:

Zum Beispiel:

Der / Mann/ wollte / ein / Haus / kaufen.

Die / Frau/ mußte / die / Lampe / umtauschen.

...

Der Lehrer teilt nun jeder Gruppe ein Set aus. Aufgabe ist in allen Fällen, möglichst schnell möglichst viele richtige Sätze zu bilden. Wer alle Kärtchen verbraucht hat, ist Sieger. Auf diese Weise kann das Spiel dreimal rotieren, mit einer neuen Chance für jede Gruppe, Sieger zu werden. Der Übungseffekt ist enorm.

Wichtig ist, daß der Lehrer sich überlegt, wie er solche Karten möglichst so anlegt, daß ein Erkennens- und Merkeffekt bei den Lernern entsteht. Durch die Form oder die Farbe der Karte (vgl. unseren Baustein zur Grammatikvisualisierung) sollten die Schüler schon einen Hinweis auf die Position der Karte im Satz erhalten.

Eine Lehrerin hat z.B. diese Kartensets zur Einführung neuer Strukturen gebraucht: (Gleiche Satzteile sind hier mit gleichen Symbolen markiert.)

Gestern habe ich ein Eis gegessen.

Anschließend läßt man dann die Lerner in Gruppen Sätze bilden. Auf diese Weise entstehen Regeln induktiv im Kopf der Schüler, ohne daß der Lehrer alles von Anfang an erklären muß. In der Muttersprache kann dann abschließend der Lernweg besprochen werden, also der Weg, wie die Schüler zu Lösungen gekommen sind, wie sie die Position der Karten im Satz erkannt haben. Die Besprechung des Lernwegs ist auch deshalb wichtig, weil er damit den Schülern bewußtgemacht wird und beim nächsten Mal leichter nachzuvollziehen ist.

Aufgabe 31

Überlegen Sie, welche grammatischen Regeln auf diese Weise geübt werden können! Fertigen Sie selbst ein Beispielpäckchen mit Karten an und schreiben Sie eine Spielanleitung für Ihre Schüler auf!

_____

_____

_____

_____

_____

Spielprinzip 6

Spielprinzip 6: Memory

Ein anderes einfaches und den Schülern oft bekanntes Prinzip ist das Memory-Spiel. Hier wird mit jeweils zwei zueinander passenden Karten "gespielt".

Das Spielprinzip "Memory" ist ganz einfach. Machen Sie eine Reihe von Kärtchen, etwa 20, bei denen jeweils zwei zusammengehören, etwa eine Zeichnung und die dazu passende deutsche Vokabel. Legen Sie die Kärtchen verdeckt in Reihen auf den Tisch! Ein Schüler deckt jeweils zwei Kärtchen auf, liest sie vor und legt sie auf den gleichen Platz zurück. Wenn sie zusammenpassen, darf er sie behalten und noch zwei Kärtchen aufdecken. Dann kommt der nächste Schüler usw... Wer die meisten richtigen Paare findet, gewinnt.

Solche Paare können Sie wie in diesen Beispielen bilden:

Beispiele:

Satzergänzung	Ich komme aus...	Berlin
Fragen - Antworten	Wo liegt die Brille?	Auf dem Tisch
Umformungen	Peter liest den Brief	Der Brief wird gelesen

110

Das Spiel kann in Gruppen durchgeführt werden. Die Sieger (die Zweiten / Dritten) der Gruppen können dann weiter gegeneinander um die Klassenmeisterschaft spielen.

Einsatzhinweise/ Alternativen

Auch dieses Spielprinzip kann zu unterschiedlichen Zeitpunkten in der Progression eingesetzt und variiert werden. Am Beispiel der Karten mit der Satzergänzung kann man dies verdeutlichen. Anstatt mit einer Grammatikerklärung durch den Lehrer auf der Basis einer Lehrbuchseite zu beginnen, könnte der Lehrer einmal einfach ohne vorherige Erklärung des Prinzips der Ergänzung die Memory-Karten austeilen und Zuordnungen bilden lassen (dieses Verfahren kann auch bei der Aktiv/Passiv-Umformung angewendet werden). Auf diese Weise müssen sich die Schüler mit dem Grammatikprinzip selbständig beschäftigen und überlegen, nach welcher Regel die Sätze zusammenpassen. Hinterher kann dann wieder besprochen werden, nach welchen Kriterien die Schüler Zuordnungen getroffen haben. Mit Hilfe dieses einfachen Prinzips kann man oft grammatische Strukturen vorentlasten. Das heißt, die Lerner arbeiten schon damit auf einer unbewußten Ebene, indem sie zusammengehörige Elemente erkennen und zuordnen und so nebenbei Regeln lernen. Die Systematisierung im Unterrichtsgespräch kann dann auf dieser Erfahrung aufbauen.

Eine andere Möglichkeit des Einsatzes von Memory-Karten ist das Üben einer bereits eingeführten Struktur.

Der Vorteil des Memory-Prinzips liegt auf der Hand: Allein das vielfache Lesen einer einzigen Karte, das durch das Aufdecken nötig wird, führt zu einer großen Übungsintensität und hat einen Konzentrationseffekt. Dies ist durch eine einfache Aufforderung des Lehrers (*Bitte lest das mehrmals durch!*) nie zu erreichen.

Aufgabe 32

Fertigen Sie selbst ein Paket von Memory-Karten zu einem Grammatik-Problem an! Überlegen Sie, an welcher Stelle des Grammatik-Unterrichts und mit welchem Ziel - Einführung einer Struktur oder Übung - Sie die Karten einsetzen wollen! Schreiben Sie eine Spielanleitung dazu!

_____

_____

_____

_____

_____

_____

Zusammenfassung

In den neueren Überlegungen zur Methodik und Didaktik des Fremdsprachenunterrichts rückt das Interesse an der Lernerpersönlichkeit wieder stärker in den Vordergrund. Das heißt, daß außer dem Lernstoff selbst auch wieder die Bedingungen des Lernens, der Lernweg und vor allem der mögliche Beitrag der Lernerpersönlichkeit zum Lernerfolg von Interesse sind. Gerade in diesem Bereich können spielerische Ansätze einen Beitrag leisten. Die motivierende Kraft von Spielen ist ohnehin unbestritten. Daß spielerisch erworbene Kenntnisse von den Schülern auch besser und länger behalten werden, ist sicher.

An den Beispielen haben Sie selbst nachvollzogen, daß mit spielerischen Ansätzen schneller, effektiver und mit mehr "Umsatz" an Sprache geübt wurde.
Die möglichen Effekte von Spielen im Fremdsprachenunterricht sollen hier noch einmal kurz aufgelistet werden.

Jeder der folgenden Punkte könnte ausführlich dargestellt werden. Aus Platzgründen und um den praktischen Ansätzen mehr Raum zu geben, sollen sie an dieser Stelle nur aufgelistet werden. Bei der Besprechung der Beispiele werden Sie einzelne Punkte wiedererkennen.

Was bedeuten Spiele für die Persönlichkeit der Lerner?

Spiele ...

- ➤ ... entwickeln das Verhalten des einzelnen Lerners,
- ➤ ... erleichtern Kontakte in der Klasse,
- ➤ ... fördern Kooperationsbereitschaft,
- ➤ ... fördern Empathiefähigkeit, d. h. die Fähigkeit, sich in die Rollen anderer zu versetzen,
- ➤ ... fördern Kreativität,
- ➤ ... reduzieren Angst und Hemmungen,
- ➤ ... können die Lerner auf die Bewältigung der Realität vorbereiten (Rollenspiel),
- ➤ ... fördern Konfliktbereitschaft,
- ➤ ... vermitteln zwischen eigener und fremder Erfahrung.

Was bedeuten Spiele für die Entwicklung von Fähigkeiten und Fertigkeiten in der Fremdsprache?

Spiele ...

- ➤ ... entwickeln Kommunikationsfähigkeit,
- ➤ ... können zur Entwicklung aller vier Fertigkeiten eingesetzt werden,
- ➤ ... entwickeln teilweise spezielle Fertigkeiten, z.B. im darstellenden Bereich.

Was bedeutet Spielen im Unterricht?

- ➤ ... Man lernt nicht für eine ferne Zukunft, sondern wendet die Fremdsprache in vielfältigen Zusammenhängen direkt an.
- ➤ ... Der Lehrer wird von der Notwendigkeit, ständig zu korrigieren, befreit.
- ➤ ... Rolle und Funktion der Mitschüler und des Lehrers wandeln sich.
- ➤ ... In heterogenen Leistungsgruppen erfüllen Spiele eine kompensatorische Funktion und leisten Differenzierungsarbeit. Auch schwächere Schüler können mitspielen und mitüben, brauchen aber nicht immer die maximale Leistung zu zeigen.
- ➤ ... In Großgruppen führen Spiele zu einer "Multiplikation des verbalen Austausches" (vor allem durch parallele Spielgruppen) und gewährleisten somit die aktive Teilnahme vieler Schüler gleichzeitig am Unterrichtsgeschehen.
- ➤ ... Spiele bewirken meistens eine Steigerung der Motivation für zukünftige Handlungen in der Fremdsprache und verstärken eine positive Einstellung zum Fach.

Trotz dieser langen Liste von positiven Merkmalen, die mit dem Einsatz von Spielen verbunden sind, führt das Spiel in der Unterrichtspraxis oft immer noch ein Schatten-dasein als "Lückenfüller", "Vertretungsaktivität", "Bonbon vor dem Ferienbeginn" etc.. Daß Spielen im Fremdsprachenunterricht auch sehr wohl Lernen sein kann und daß Lernen nichts an Effektivität verliert, wenn es spielerisch geschieht, haben die praktischen Beispiele gezeigt. Sie haben in diesem Baustein keine Spielesammlung vorgelegt bekommen, sondern einige ausführliche Besprechungen von Spielen und Prinzipien. Sie sollten daran das Potential aufgezeigt bekommen, das in solchen Ansätzen enthalten ist.

In Ihrem Unterricht gibt es viel mehr Möglichkeiten für spielerische Ansätze als Sie denken. Wir möchten, daß Sie sich und Ihren Schülern das Leben ein bißchen leichter, eben spielerischer machen und einmal einige der Ansätze ausprobieren. Wir sind sicher, daß es dann nicht bei einem einzigen Spiel im Unterricht bleibt.

4.4 Schüler finden Regeln – Lernerzentrierter Grammatik- unterricht

Überleitung

Wenn Sie bis zu diesem Kapitel eine Tendenz in der Studieneinheit feststellen konnten, dann ging diese bestimmt in folgende Richtung:

a) Stärkere Aktivierung der kognitiven und kreativen Kräfte, die Lerner mitbringen und die nur allzu häufig im Alltag des Unterrichts verborgen bleiben und

b) Herausarbeitung einer "neuen" Rolle des Lehrers. Er soll zu einem Organisator von Lernprozessen werden, zu einer Lehrerpersönlichkeit, die nicht nur den Stoff "lehrt", sondern die den Lernern die Möglichkeit eröffnet, selbst die Lernprozesse mitzubestimmen.

Praxisproblem

Gerade in der Vermittlung von grammatischen Regeln scheint jedoch das "Verstehen" und noch weit mehr das "Anwenden" besonders schwer. Die Vermittlung der Grammatik einer fremden Sprache nimmt oft viel Zeit im Unterricht in Anspruch und läuft häufiger als alle anderen Phasen des Sprachlernens im Frontalunterricht ab. Woran liegt das?

Sehen Sie sich noch einmal das Raster auf Seite 10 an !
Die meisten Lehrer sagen selbst, daß sie Schwierigkeiten haben, ihren Lernern die neue Grammatik zu vermitteln, und die meisten Schüler haben Schwierigkeiten mit den Erklärungen ihrer Lehrer. Damit sind zwei Probleme angesprochen:

1. Die Probleme der Lehrer bei der Vermittlung von Regeln.

2. Die Probleme der Schüler, wenn sie z.B. während des Unterrichts oder zu Hause ohne den Lehrer versuchen, in ihren Materialien (Lehrwerk, Grammatik etc.) die grammatischen Zusammenhänge zu verstehen oder nachzuvollziehen.

Viele Lerner finden, daß die grammatischen Erklärungen des Lehrers im Unterricht zu schnell, zuviel auf einmal, zu kompliziert und aufgeladen mit grammatischen Begriffen sind.

Konsequenz

Als Folge davon sind die Lerner oft überfordert, es kommt zu Konzentrationsproblemen, die häufig in einem "Abschalten" der Schüler enden. Das heißt: Sie können dem Unterricht nicht mehr folgen. Sie haben Angst vor der Grammatik (man will auch keine "dummen" Fragen stellen) und sind oft entmutigt *(Das ist so kompliziert, das versteh ich nie!)*.
Die Lehrer selbst können diesen Problemen häufig nicht begegnen. Manchmal sehen sie die Probleme gar nicht. Die Art und Weise ihrer eigenen Ausbildung, die vor-

handenen Lehrmaterialien und die zur Verfügung stehenden Grammatiken bieten ihnen in der Regel keine "Vereinfachungshilfen" an. So bleibt es dann oft bei Aussagen wie: *Das ist eben so schwer, das müßt ihr lernen* oder *Da gibt es nichts zu verstehen, das ist eben so.*

Was können Schüler nun aber innerhalb und außerhalb des Unterrichts tun, wenn sie ein grammatisches Problem nicht verstanden haben? Wenn sie nicht gerade einen Bekannten oder einen Mitschüler haben, der ihnen bei den Problemen mit der Fremdsprache helfen kann, dann bleibt ihnen nur noch das Lehrmaterial, in dem die Grammatik und die grammatischen Zusammenhänge dargestellt sind. Aber auch diese Materialien heben in der Regel die Nachteile, die schon im Unterricht zu Schwierigkeiten geführt haben, nicht auf:

➤ Sie sind sprachlich zu kompliziert.
➤ Sie enthalten eine Menge fremder Begriffe, die nicht erklärt werden und deren Verständnis oft vorausgesetzt wird.
➤ Sie sind meist sehr knapp gehalten.
➤ Sie sind nicht motivierend gestaltet.
➤ Sie sind häufig abstrakt und oft ohne zusätzliche erklärende Hinweise formuliert.

So ist der "Teufelskreis" vorprogrammiert: Die Lerner verstehen im Unterricht ein Problem nicht. Der Lehrer kann es ihnen nicht richtig erklären. Die Lerner versuchen, zu Hause das Problem nachzuarbeiten und zu verstehen. Sie schaffen dies nicht mit den Materialien, die sie haben. Die nicht verstandenen Zusammenhänge führen im Unterricht zu schlechten Ergebnissen (Tests, mündliches Abfragen, unbefriedigende Hausaufgaben...) und müssen daher wieder aufgegriffen werden.

Praxiserfahrung

Dem Material, d. h. der Präsentation der Grammatik, kommt im Unterricht und darüber hinaus offensichtlich eine zentrale Bedeutung zu. Häufig beziehen sich Lehrer direkt auf den Text, lesen die Regel und die Beispiele aus dem Buch vor und gehen dann sofort zu den Übungen über, da diese dann kontrollierbarer sind, und sie sich in deren Bearbeitung sicherer fühlen. Was bis zu dieser Phase von den Lernern verstanden worden ist, bleibt jedoch häufig unklar. Daß das korrekte, erfolgreiche Durchlaufen von grammatischen Drillübungen noch lange kein Nachweis für Regelkompetenz ist, haben wir in der Einleitung der Studieneinheit schon dargestellt.

Konsequenz

Welche Materialien tauchen im Unterricht neben den mündlichen Erklärungen des Lehrers oder seines Tafelanschriebs noch auf? Man kann folgendes unterscheiden:

> ➤ das Lehrwerk mit integrierter Grammatik
> ➤ eine lehrwerkunabhängige Grammatik
> ➤ eine lehrwerkbezogene Grammatik.

In diesem Baustein wollen wir versuchen, einige Vorschläge zur eigenständigen Verwendung dieser Materialien durch Lerner zu entwickeln. Beginnen wir mit den Grammatikdarstellungen im Lehrwerk.

4.4.1 Grammatikdarstellungen im Lehrwerk

Der erste Kontakt eines Lerners mit der Grammatik wird wohl durch den "Grammatikteil" eines Lehrbuches oder einer Lehrbuchlektion erfolgen. In den meisten Fällen wird versucht, dort eine Übersicht über das grammatische Problem zu geben. Häufig sind diese systematischen Übersichten die einzigen Möglichkeiten, die ein Schüler hat, etwas nachzuschlagen, etwas zu verstehen oder etwas vorzubereiten. Fremdsprachenlehrwerke sind jedoch in der Regel für einen großen, undifferenzierten Adressatenkreis konzipiert worden und können somit selten die besonderen Bedürfnisse bestimmter Lernergruppen berücksichtigen. Vollkommen unberücksichtigt müssen die individuellen Bedürfnisse der einzelnen Lerner bleiben.

<u>Aufgabe 33</u>

Lesen Sie bitte die folgende Seite aus dem Lehrwerk Schulz/Griesbach! Notieren Sie jetzt bitte: Welche Begriffe müssen die Lerner kennen, um mit dieser Darstellung arbeiten zu können? Listen Sie bitte alles auf, was bei Lernern zu Mißverständnissen führen könnte!

_____

_____

_____

_____

_____

_____

_____

1. Adjektivdeklination

Wer ist der alte Herr dort? — Er ist der Lehrer meines guten Freundes Hans. — Er schreibt jetzt seinem kranken Sohn einen langen Brief.

Das kleine Haus hat ein schönes Dach. — Ein langes Gespräch am Telefon kostet viel Geld.

Die kurze Fahrt in die nächste Stadt dauerte nur eine halbe Stunde.

Heute ist der 5. (fünfte) Januar. Am 10. (zehnten) Januar fahre ich nach Haus.

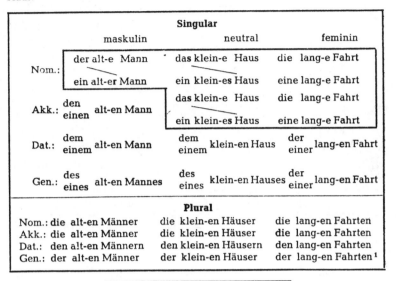

Singular

	maskulin	neutral	feminin
Nom.:	der alt-e Mann ein alt-er Mann	das klein-e Haus ein klein-es Haus	die lang-e Fahrt eine lang-e Fahrt
Akk.:	den einen alt-en Mann	das klein-e Haus ein klein-es Haus	die lang-e Fahrt eine lang-e Fahrt
Dat.:	dem einem alt-en Mann	dem einem klein-en Haus	der einer lang-en Fahrt
Gen.:	des eines alt-en Mannes	des eines klein-en Hauses	der einer lang-en Fahrt

Plural

Nom.:	die alt-en Männer	die klein-en Häuser	die lang-en Fahrten
Akk.:	die alt-en Männer	die klein-en Häuser	die lang-en Fahrten
Dat.:	den alt-en Männern	den klein-en Häusern	den lang-en Fahrten
Gen.:	der alt-en Männer	der klein-en Häuser	der lang-en Fahrten[1]

		m.	n.	f.
Sing.:	Nom.	-e -er	-e -es	-e -e
	Akk.	-en	-e -es	-e -e
	Dat.	-en	-en	-en
	Gen.	-en	-en	-en
Plur.:			-en	

[1] keine alten Männer, keine kleinen Häuser, keine langen Fahrten = die alten Männer, die kleinen Häuser, die langen Fahrten.

Singular-Regel

1. nach dem **bestimmten Artikel** im Nom. -e
   im Akk. neutr. u. fem. -e

2. nach dem **unbestimmten Artikel** und
   den Possessivpronomen im **Nom mask.**   -er
   im **Nom. u. Akk. neutr.**   -es
   im **Nom. u. Akk. fem.**   -e

   Der letzte Konsonant des bestimmten Artikels kommt an das Adjektiv: (de)*r*, (da)*s*.

3. in den übrigen Fällen hat das Adjektiv **die Endung -en.**

Plural-Regel

nach dem **bestimmten Artikel, Demonstrativpronomen** und
nach den **Possessivpronomen** immer -en

Merken Sie sich:

dunkel: die dunkle Nacht   rechts: die rechte Hand   anders: die andere Seite
teuer: der teure Hut   links: das linke Bein   hoch: der hohe Berg

Griesbach (1955), 77/78

Die Anzahl dieser unterschiedlichen grammatischen Begriffe ist eine zusätzliche Schwierigkeit, mit der sich die Lerner auseinandersetzen müssen.

Aber auch in "moderneren" Grammatikdarstellungen gibt es oft Verstehensschwierigkeiten.

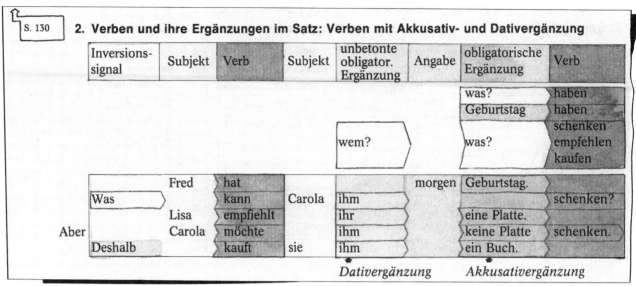

S. 130 **2. Verben und ihre Ergänzungen im Satz: Verben mit Akkusativ- und Dativergänzung**

Inversions-signal	Subjekt	Verb	Subjekt	unbetonte obligator. Ergänzung	Angabe	obligatorische Ergänzung	Verb
						was?	haben
						Geburtstag	haben
				wem?		was?	schenken empfehlen kaufen
	Fred	hat			morgen	Geburtstag.	
Was		kann	Carola	ihm			schenken?
	Lisa	empfiehlt		ihr		eine Platte.	
Aber	Carola	möchte		ihm		keine Platte	schenken.
Deshalb		kauft	sie	ihm		ein Buch.	

Dativergänzung   *Akkusativergänzung*

Aufderstraße (1983), 136 (im Original mehrfarbig)

In Fortbildungsveranstaltungen hören wir sehr oft, daß Lehrer Schwierigkeiten mit dieser Tabelle zum Satzbau haben. Wir auch. Was hilft es zu wissen, daß eigentlich alles ein Inversionssignal sein kann? Wie kann man Schülern den Unterschied zwischen unbetonten und betonten (obligatorischen) Ergänzungen und Angaben erklären? Muß man das überhaupt? Lerner, die hier selbst etwas einordnen wollen, haben große Schwierigkeiten. Viele Sätze lassen sich in die vorgegebene Reihenfolge von Angaben und Ergänzungen überhaupt nicht einordnen. Die vielen Lücken sind verwirrend.

4.2.2 Lehrbuchunabhängige Grammatikdarstellungen

Was passiert, wenn ein Lerner nun, um ein Problem zu lösen, eine Grammatik zur Hand nimmt, die ihm als Nachschlagewerk unabhängig von seinem Lehrwerk empfohlen wird. Er hat z.B. den Satz:

Das ist kein schönes Auto.

geschrieben und will nun zum Beispiel wissen, ob er die Verneinung richtig gebraucht hat.

Er nimmt z.B. die Grammatik von Helbig/Buscha (1972) und findet ...

➤ ...ein Inhaltsverzeichnis   S. 5 - 16,

➤ ...ein Sachregister   S. 615 - 624,

➤ ...ein Wortregister   S. 625 - 629.

Wenn er sich nun entscheidet, im Inhaltsverzeichnis zu suchen, findet er *kein* nicht, er kann aber auf *2.7.3. Negationswörter* stoßen und auf *Verhältnis von Verneinung und Bejahung.*

Helbig (1972), 13

Wenn er dagegen im Wortregister unter *kein* nachschlägt, wird er von einer Unzahl von Eintragungen überrascht:

kaum 450
kaum daß 418
kein 80, 202, 226, 316ff.,
    349ff., 453ff.
keinesfalls 450, 453ff.
keineswegs 450, 453ff.
kennen 34, 44

Helbig (1972), 626

Sucht er im Sachregister unter *kein*, findet er nichts, sucht er hier unter *Verneinung*, findet er einen Verweis *vgl. Negation*. Unter *Negation* findet er dann einen Hinweis auf *kein - nicht* und drei verschiedene Eintragungen:

Nebensätze verschiedenen Grades 567,
    604
Nebensatzform 164, 166f., 566
Negation 349ff., 455ff., 465ff., 543f.
Negation (*kein – nicht*) 80, 349ff., 454f.
Negationsklammer 460f.
Negationstransformation 457
Negationswort 23, 451, 453ff.

Helbig (1972), 619

verneinte Gleichheit (im Vergleich) 586f.
Verneinung (vgl. Negation)

Helbig (1972), 623

Resultat

Es bleibt festzuhalten, daß es in vielen Fällen für den Lerner schwer ist, sich in den Grammatiken zurechtzufinden und z. B. Verbindungen zwischen Begriffen im Register und den Verweisen herzustellen. Im ungünstigsten Fall muß er jeder einzelnen Seitenangabe nachgehen, um eine Erklärung für sein Problem zu finden.

These

Sie merken schon, worauf wir hinauswollen: Auch die Benutzung einer lehrwerkunabhängigen Grammatik muß gelernt werden. Zumindest müssen die Lerner den Aufbau einer Grammatik kennenlernen, d.h., sie sollen die verschiedenen Verzeichnisse nutzen können und mit den Untergliederungen arbeiten können. Das ist nicht immer ganz einfach, wie Sie gleich an sich selbst überprüfen können.

Aufgabe 34

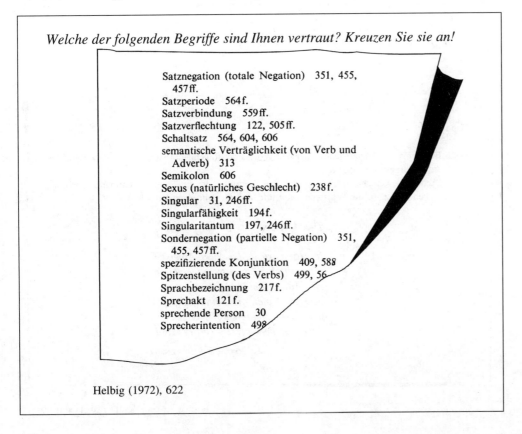

Welche der folgenden Begriffe sind Ihnen vertraut? Kreuzen Sie sie an!

Satznegation (totale Negation) 351, 455,
    457ff.
Satzperiode 564f.
Satzverbindung 559ff.
Satzverflechtung 122, 505ff.
Schaltsatz 564, 604, 606
semantische Verträglichkeit (von Verb und
    Adverb) 313
Semikolon 606
Sexus (natürliches Geschlecht) 238f.
Singular 31, 246ff.
Singularfähigkeit 194f.
Singularitantum 197, 246ff.
Sondernegation (partielle Negation) 351,
    455, 457ff.
spezifizierende Konjunktion 409, 588
Spitzenstellung (des Verbs) 499, 56
Sprachbezeichnung 217f.
Sprechakt 121f.
sprechende Person 30
Sprecherintention 498

Helbig (1972), 622

Unterrichtsvorschlag

Das Verständnis für die Sprache und die Systematik eines Nachschlagewerkes kann jedoch im Unterricht systematisch geübt werden.

Ein Arbeitsmuster für den Unterricht:

Beispiel

*Ich habe **mich** gefreut.*

Was glauben Sie? In welchem der folgenden Kapitel Ihrer Grammatik können Sie etwas über diesen Satz erfahren?

✎

- ❏ Passiv
- ❏ Negation
- ❏ Reflexivpronomen
- ❏ Dativ
- ❏ Partizipialattribute

Auf diese "rezeptive" Weise können Lerner nach und nach mit grammatischen Begriffen vertraut werden.

Bleiben wir noch einen Moment bei der grammatischen Terminologie:

Praxisproblem

Schüler können oft die grammatischen Begriffe, mit denen sie im Lehrwerk oder im Unterricht konfrontiert werden, nicht verstehen und auch nicht verwenden. Da die meisten Grammatiken und Lehrwerke die Terminologie der lateinischen Grammatik benutzen, sollten die Lerner wenigstens in der Lage sein, die wichtigsten Begriffe beim Nachschlagen in einer Grammatik zu erkennen und zu verstehen. Übungen im Unterricht können auf den richtigen Gebrauch der Bezeichnungen bewußt vorbereiten: (Vergleichen Sie dazu Baustein 5!)

Vorschlag

Im folgenden zeigen wir Ihnen zwei Übungsbeispiele, in denen grammatische Terminologie und konkrete Beispiele einander zugeordnet werden sollen.

Aufgabe 35

Lösen Sie die Übungen und beschreiben Sie im Anschluß daran die unterschiedliche Vorgehensweise von a) und b)!

a)

Übungen

11.1 Bestimme die **Wortart** jedes einzelnen Wortes des folgenden Textes und schreibe sie in die dafür vorgesehene Spalte.
(Achtung! Manche Wörter werden bei Gebrauch in einem Satz auseinandergerissen; so gehören z. B. die Wortteile *taten* und *weh* zu dem **einen** Verb *wehtun*.)

Die Ameisen

In Hamburg lebten zwei Ameisen,
die wollten nach Australien reisen.
Bei Altona auf der Chaussee
da taten ihnen die Beine weh,
und da verzichteten sie weise
dann auf den letzten Teil der Reise.

JOACHIM RINGELNATZ

Kelle (1981), 50-52

Text:	Wortart:	Text:	Wortart:
Die		der	
Ameisen		Chaussee	
		da	
in		taten	
Hamburg		ihnen	
lebten		die	
zwei		Beine	
Ameisen,		weh,	
die		und	
wollten		da	
nach		verzichteten	
Australien		sie	
reisen.		weise	
Bei		dann	
Altona		auf	
auf		den	
letzten		der	
Teil		Reise.	

Kelle (1981), 50-52

b) Erinnern Sie sich an diese grammatischen Begriffe? Ordnen Sie sie den Beispielen zu!

war	Possessivpronomen, 1. Person Singular
wir	2. Person Singular von "sein", Präsens
Ich habe <u>einen Freund</u>.	Nomen, Plural
mein(e)	3. Person Singular von "sein", Präteritum
<u>Das Haus</u> ist weiß.	Personalpronomen, 3. Person Singular, Akkusativ
ihn	Personalpronomen, 1. Person Plural, Nominativ
bist	Nominativergänzung
die Autos	Infinitiv
haben	Akkusativergänzung

(eigenes Material)

Ein Vergleich der beiden Übungen zeigt, daß bei der Übung a) schon vorausgesetzt ist, daß der Lerner alles weiß und sich an die richtigen Begriffe nur noch erinnern muß. Es ist selbstverständlich, daß bei einer solch freien Übung die Fehlerhäufigkeit steigt. Bei der Übung b) hingegen kann sich der Lerner die grammatischen Begriffe noch einmal vergegenwärtigen und im Vergleich zwischen Begriff und grammatischer Beschreibung die Lösung finden. Zumindest lernt er auf eine "sanfte" Art und Weise, grammatische Terminologie und Beschreibungen zu verwenden.

Soviel zur Terminologie. Nun zu den Regeln, in denen diese Terminologie verwendet wird.

4.4.3 Grammatische Regeln als Lernhilfe

In Kapitel 3 haben wir gesagt, daß Regeln eine Lernhilfe sein sollten. Auch hierzu ein Selbstversuch.

Aufgabe 36

Lesen Sie bitte die folgende Regel und schreiben Sie dann ein Beispiel, das die Regel verdeutlicht!

> 122 Die **Satznegation** *nicht* und die **Modalglieder** (*auch, schon, noch* u.a.) besetzen den letzten offenen Stellplatz im Informationsbereich.

_____

_____

_____

_____

Hatten Sie Mühe, diese Aufgabe zu lösen? Was meinen Sie, woran das liegt? Sehen Sie sich jetzt bitte die Beispielsätze zur Regel an und versuchen Sie, jetzt selbst eine "einfachere" Regel zu dieser Struktur zu formulieren!

> Warum habt ihr | **nicht** auf uns gewartet?
> Ich bin gestern | **auch nicht** zur Arbeit gegangen.
> Wenn mehrere Modalglieder zusammentreffen, stehen sie in der Reihe: *auch nicht, auch schon, noch nicht, auch noch nicht* usw.

_____

_____

_____

_____

Griesbach (1981), 46

Besonders problematisch in den Regelformulierungen sind für Lerner neben den komplizierten Beschreibungsmustern auch unübersichtliche, signalgrammatische Muster und Visualisierungen:

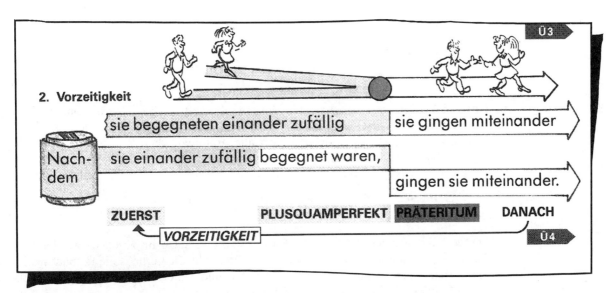

Neuner (1987), 36 (im Original mehrfarbig)

Nehmen Sie sich auch hier Zeit und schauen Sie sich die "Regeln" an! Verstehen Ihre Lerner das?

Auch solche Zeichnungen sind nicht automatisch eine Lernhilfe. Sie wirken auf viele Lerner verwirrend. Häufig ist eine enorme Komplexität in einer scheinbar logisch angeordneten Graphik verborgen (wie auch das auf Seite 118 zitierte Beispiel aus dem Lehrwerk *Themen* zeigt). Nicht jeder Lernertyp kann diese Angebote ohne Schwierigkeiten "lesen".

Alle diese Materialien jedoch folgen bisher dem Prinzip des "systemvermittelnden Lernens", wobei der zu vermittelnde Stoff als fertiges System dargestellt wird und vom Lerner zur Lösung von Aufgaben verwendet werden soll. Eine solche Darstellung des Gesamtsystems bedeutet aber oft gleichzeitig, daß die Verständlichkeit der Grammatiktexte zum Teil sehr schwer ist. Für den Lerner (vielleicht auch für den Lehrer) ist es aber wichtig, den Prozeß, wie es zu dem vorgestellten System kommt, nachzuvollziehen, am besten sogar mitzuentwickeln. Wenn man erreichen will, daß im Unterricht mehr Raum für kommunikative Aktivitäten entsteht, dann muß die Vermittlung der Grammatik mehr als bisher den Lerner miteinbeziehen, den Lerner als jemanden, der sein Lernen aktiv organisiert und dabei mehr und mehr Selbständigkeit im Umgang mit dem Lernstoff entwickelt.

Fassen wir zusammen. Alle die aufgeführten Beispiele von Grammatikdarstellung in Lehrwerken oder unabhängigen Grammatiken haben für den einzelnen Lerner mehr oder weniger große Verstehensprobleme zur Folge. Darstellungen dieser Art stehen für ein fertiges System, welches der Lerner verstehen soll und muß, um damit dann die folgenden Übungen und Aufgaben bewältigen zu können. Jeder Lerner jedoch, zumindest aber Lernergruppen in verschiedenen Kulturen, haben unter Umständen je eine eigene Art und Weise, mit sprachlichen Gesetzmäßigkeiten umzugehen, sie sich verfügbar zu machen und die entsprechenden Regeln zu entwerfen.

Zusammenfassung

Gerade in den letzten Jahren werden mehr und mehr kreative Elemente in den Fremdsprachenunterricht integriert. Schüler schreiben ihre eigenen Gedichte, sie üben sich im Nachempfinden von literarischen Erzeugnissen, sie wechseln Textsorten, Standpunkte, Rollen und Perspektiven. Nur beim Thema *Grammatikregeln* scheint die Kreativität ein Ende zu haben. Wir haben im vorangehenden Baustein einige Prinzipien des kreativen Arbeitens mit Grammatikübungen vorgestellt. Ebenso ist es möglich, bei der Regelfindung und -formulierung den Lernern mehr Vertrauen in die eigenen Fähigkeiten zu vermitteln. Praktisch alle Formen der Regeldarstellung bringen für bestimmte Lernertypen Nachteile und sind damit nicht ideal. Warum also nicht eine eigene Version der Lerner zulassen oder zumindest einen Prozeß der Regelfindung ermöglichen, der in seiner Transparenz schon während der Entstehung ein Verstehen sicherstellt?

Unser Vorschlag für den Unterricht:

Schüler entdecken Regeln selbst

Um den Lernern das Arbeiten mit Grammatikregeln zu erleichtern, können sie im Unterricht üben, sprachliche Gesetzmäßigkeiten selbständig zu erkennen. Folgendes Verlaufsschema, mit dem sie praktisch alle grammatischen Phänomene bearbeiten können, bietet sich dafür an:

Sammeln ⮕ **Ordnen** ⮕ **Systematisieren**

Die vorhandenen Sätze (Satzteile, Einzelsätze und Sätze im Kontext) werden unter formal-sprachlichen Gesichtspunkten betrachtet, d.h., die Lerner sollen zunächst allein die vorhandenen formalen Gemeinsamkeiten und Unterschiede sehen lernen. Eine Arbeitsanweisung im Unterricht könnte so aussehen:

Schauen Sie sich bitte den Wochenplan von Peter an! Vergleichen Sie die Sätze miteinander! Gibt es in den Sätzen bestimmte Strukturen, die ähnlich sind?

Beispieltext:

> *Peter treibt gerne Sport. Er spielt am Montag Fußball. Dienstags geht er zum Schwimmen. Am Mittwoch spielt er Handball und jeden Donnerstag geht er zum Squash. Er arbeitet samstags an einer Tankstelle, am Sonntagnachmittag spielt er wieder Fußball.*

Beim Vergleichen sollen die Lerner Ähnlichkeiten herausfinden, die z.B. im Satzbau oder in der Ähnlichkeit oder Gleichheit ganzer Wörter oder Ausdrücke liegen. Wenn diese Arbeitsaufträge nun z.B. in Partner- oder Gruppenarbeit ausgeführt werden, dann wird der Lerneffekt durch den Austausch von Meinungen noch intensiver.

Bei diesem Beispieltext können die drei Phasen so verlaufen:

Sammeln

Bitte schreiben Sie Sätze mit Zeitangaben heraus!

Die Strukturen werden nun aus dem Text herausgelöst. Sie werden von den Lernern verglichen und nach Ähnlichkeiten/Verschiedenheiten geordnet.

Ordnen der Sätze

Dabei können die Lerner zum folgenden Ergebnis kommen:

Er spielt am Montag Fußball.
Er arbeitet samstags an einer Tankstelle.

Dienstags geht er zum Schwimmen.
Am Mittwoch spielt er Handball, und
jeden Donnerstag geht er zum Squash.
Am Sonntagnachmittag spielt er wieder Fußball.

Die Lerner müssen bei diesem Vorgehen selbständig (Partnerarbeit / Gruppenarbeit) Entscheidungen über sprachliche Regelmäßigkeiten treffen. Der Lehrer ist in dieser Phase Beobachter. Er kann von Gruppe zu Gruppe gehen und feststellen, wie die einzelnen Lerner sich der Aufgabe nähern und welche Strategien sie anwenden, um eine Lösung zu finden. Bei Problemen kann der Lehrer individuell helfen. Der Lerner fühlt sich persönlich angesprochen. Seine Schwächen brauchen nicht vor der ganzen Gruppe diskutiert zu werden. Stattdessen kann der Lehrer Eindrücke sammeln und für die gesamte Lerngruppe nutzbar machen.

Systematisieren - Regeln finden

3. Schritt

Die Strukturen in den Beispielen werden nun systematisiert und bewußtgemacht. Das kann z.B. mit der Hilfe von bekannten Symbolen geschehen.

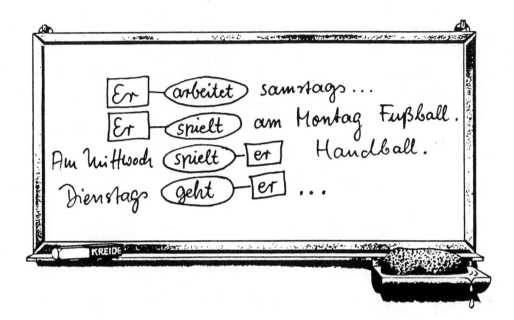

Können Sie jetzt eine Regel formulieren?

_____

_____

Die Regel kann nun von den Lernern formuliert und unter die Beispiele geschrieben werden.

Viele Lerner werden an dieser Stelle trotzdem noch Schwierigkeiten haben. Wahrscheinlich haben sie noch nie selbst eine Regel formulieren müssen oder dürfen. Wir wollen Ihnen deshalb nun drei Aufgabenformen zeigen, die die Lerner von einer rezeptiven Aufgabenstellung über eine reproduktive zu einer freien Regelformulierung führen.

Einschränkung

Statt Regeln lernen: Lerner beim Formulieren von Regeln unterstützen

a) Eine rezeptive Aufgabe

Bei dieser Aufgabe wird von den Lernern keine produktive sprachliche Tätigkeit verlangt. Der Lehrer bietet eine Auswahl von "richtigen" und "falschen" Regeln an. Die Lerner sollen dann nur noch die "richtige(n)" Regel(n) herausfinden.

Unterrichts-kommentar

✎

> ❏ *Wenn ein Satz mit einer Zeitangabe beginnt, dann steht das Verb an der zweiten Stelle.*
>
> ❏ *Wenn ein Satz mit einer Zeitangabe beginnt, dann folgt sofort danach das Subjekt.*
>
> ❏ *Wenn ein Satz mit einer Zeitangabe beginnt, dann kommt danach entweder das Subjekt oder das Verb.*

Diese Regeln können entweder in der Muttersprache oder in der Zielsprache formuliert werden.

b) Eine reproduktive Aufgabe

Die Regel wird nun teilweise vorgegeben und soll vom Lerner "nur" ergänzt werden. Die Lerner sind also sprachlich gefordert, aber nicht allein gelassen. Die Vorgaben können auch hier verschiedene Schwierigkeitsgrade haben.

Beispiel

> *Ergänzen Sie die Regel:*
>
> *a) Wenn ein Satz mit einer Zeitangabe beginnt, dann steht das Verb*
>
> ....
>
> *b) Wenn ein Satz mit einer Zeitangabe beginnt, dann steht das Verb an der*
>
> ....Stelle.
>
> *c) Wenn ein Satz mit einer ....beginnt, dann steht das Verb an der zweiten Stelle.*
>
> *d) Wenn ein Satz mit einer Zeitangabe beginnt,*
>
> ....

c) Eine produktive Aufgabe

Die Lerner finden aus den Zusammenhängen die Regelmäßigkeiten und formulieren die Regel in der Zielsprache oder in der Muttersprache selbst. Die Ergebnisse werden im Unterricht besprochen.

Welche Vorteile hat eine solche Verfahrensweise? Nun, zunächst liegt, wie schon bei den Aktivitäten im vorhergehenden Baustein, der Hauptteil der Arbeit bei den Lernern. Das Lernen in Kleingruppen oder Partnergruppen bietet sich an. Während die Lerner die verschiedenen Schritte durchlaufen, müssen sie sich an jedem Punkt über ihre Aktivitäten und das Funktionieren von Sprache bewußtwerden. Das heißt, sie lernen schon bei der Durchführung dieser "Sequenz". Das Erstellen oder Formulieren der Regel ist nur der Endpunkt einer komplexen Lerntätigkeit, die mehrere Einzelschritte umfaßt. Die Lerner haben hier die Chance, die Diskrepanz zwischen dem Grammatikmodell des Lehrers bzw. des Lehrwerks und ihrer eigenen Verstehenskompetenz aufzuheben, indem sie ein Modell, eine Regel so entwickeln, wie sie sie v e r s t a n d e n haben und wie sie sie b e n u t z e n können.

Lehreraktivität

Der Lehrer kann sich in dieser Phase ganz der Beobachtung der Lernprozesse widmen. Er kann sich einen Überblick über die Lern- und Verstehensprobleme in den verschiedenen Lernergruppen verschaffen. Er kann Tips und Hilfen geben und sich durch die Beobachtung des Arbeitsprozesses Einblick verschaffen in die Herangehensweise seiner Lernergruppe an grammatische Phänomene.

These

Lerner verfassen zu Hause häufig kleinere freie Arbeiten oder Referate über landeskundliche Themen. Warum sollte man nicht auch die Aufgabe stellen können, zu einem im Lehrbuch angebotenen Text das grammatische Problem mit der dazugehörenden Regel zu erarbeiten. Das S a m m e l n , O r d n e n und S y s t e m a t i s i e r e n von Regeln und Beispielen kann man ebenso üben wie einen Dialog oder die Konjugation.

Soviel zur selbständigen Erarbeitung von Regeln. Sie wird im Unterricht nicht immer möglich sein. Deshalb nennen wir Ihnen zunächst einige Grundprinzipien für Schüler, die ihnen nach und nach eine eigenständigere Arbeit mit Grammatikregeln ermöglichen:

Lerntips: Regeln lernen

1. Die Regel sehr genau durchlesen und versuchen, sie zu verstehen.
2. Die Regel mit den vorhandenen Beispielsätzen vergleichen.
3. Einzelne Merkmale durch Unterstreichung, Markierung etc. hervorheben.
4. Beispielsätze abschreiben und ordnen(wie oben dargestellt).
5. Die Regeln und die Beispiele in der Lerngruppe laut und konzentriert lesen, um eventuelle Mißverständnisse "hörbar" zu machen.
6. Die Regel und die Beispielsätze in ein grammatisches Merkheft eintragen.

Ein grammatisches Merkheft kann gerade die oben beschriebenen Defizite der meisten Grammatikdarstellungen in den Lehrwerken zum großen Teil aufheben. Der Lerner hat nun die Möglichkeit, seine Grammatik nach Belieben in seinem Zielsprachenniveau oder in der Muttersprache mit Zusatzinformationen (visuelle Hilfen etc.) zu versehen und so sein eigenes Nachschlagewerk zu verfassen.

Überleitung

Im Unterricht werden Sie trotzdem meistens mit vorgegebenen Regeln arbeiten und diese als Lehrer einführen und erklären müssen.

Auch dabei sollte eine Reihe von Punkten beachtet werden.

Regelerklärungen in der Lerngruppe

Ausgangssituation

Wie Sie feststellen konnten, sind die meisten Grammatikdarstellungen für den Großteil der Lerner nicht ideal. Ein Hauptproblem ist die Tatsache, daß gerade auch in neueren Lehrwerken Systeme abgebildet, aber nicht erklärt werden. Eine Lösung dieses Problems wäre eine grammatische Darstellung, die die Lerner prozeßhaft durch Regelbildung und Übungen führt und sie die einzelnen Schritte möglichst verständlich nachvollziehen läßt.

Eine "Selbstlerngrammatik" wäre eine didaktische Grammatik, die ein selbständiges Erlernen von grammatischen Eigenschaften bis hin zur freien Anwendung des Gelernten ermöglicht. Eine solche Grammatik für Deutsch als Fremdsprache gibt es aber noch nicht. Einige ihrer Grundprinzipien haben Sie in diesem Kapitel kennengelernt. Sie sollten diese Prinzipien nach Möglichkeit bei Grammatikdarstellungen in Ihrem eigenen Unterricht berücksichtigen.

Günther Zimmermann und Elke Wißner-Kurzawa haben in dem Buch *Grammatik lehren - lernen - selbstlernen* (1985) die Prinzipien einer solchen Selbstlern-Grammatik beschrieben (bes. 13 ff.).

Kriterien

Das wichtigste Kriterium einer solchen Grammatik wäre die V e r s t ä n d l i c h - k e i t . Läßt man von Lernern die gängigen Grammatikdarstellungen in diesem Punkt beurteilen, so sind die Reaktionen oft negativ:

Die meisten Schüler finden, daß zu viele Fremdwörter verwendet werden, daß die Sprache der Grammatik häufig unverständlich, abstrakt und kompliziert ist. In einer Umfrage (Zimmermann/Wißner-Kurzawa 1985, 71) kritisieren sie außerdem, daß Beispiele und Erklärungen oft langweilig, trocken und uninteressant sind.

Wie kann man als Lehrer nun den genannten Kritikpunkten begegnen?

1. Bei Erklärungen möglichst eine Terminologie verwenden, die die Lerner kennen. Wenn die Erklärungen in der Zielsprache erfolgen sollen, dann einfache Beispiele und Erklärungen anbieten, das heißt z.B. Nominalisierungen vermeiden. Das bedeutet nicht, daß eine grammatische Terminologie vermieden werden soll. Es muß jedoch garantiert sein, daß die Lerner die Anweisungen und Erklärungen vollständig nachvollziehen können.

2. In den Beispielsätzen unbekannte Wörter vermeiden. Wortschatzprobleme lenken häufig von den eigentlichen grammatischen Inhalten ab und führen zu Fehlern, die mit dem grammatischen Problem nichts zu tun haben.

3. Regeln schrittweise einführen. Häufig steht am Beginn einer grammatischen Übungsreihe das komplexe grammatische System, und erst in den darauffolgenden Übungen werden die einzelnen Teile nacheinander geübt.

Vergleichen Sie zu diesem Punkt noch einmal den Baustein *Progression!*

Am Ende dieses Bausteins wollen wir Ihnen nun einen Versuch vorstellen, wie die Vermittlung des Perfekts im Deutschen in einer Grammatikdarstellung aussehen könnte, die versucht, den Lerner am Prozeß der Systemerstellung zu beteiligen. So oder so ähnlich könnte die Beschreibung einer grammatischen Struktur im Schülermaterial aussehen. Wir haben in Kursivschrift diejenigen Teile kommentiert, die uns in einer solchen Darstellung neu und wesentlich erscheinen.

Schülermaterial zum Thema Perfekt

Sie haben schon gelernt, wie Sie im Deutschen ausdrücken können, daß etwas vorbei ist, nämlich durch das Präteritum.

Durch die direkte Anrede (Sie oder du) soll der Lerner in einen Dialog mit der Grammatik eintreten. Die häufig äußerst unpersönlichen Formulierungen werden durch Formen ersetzt, die dem Leser das Gefühl des "Angesprochenseins" vermitteln sollen.

Diese Form finden wir häufig in geschriebenen Texten. In der mündlichen Kommunikation, zum Beispiel in Dialogen, verwendet man die Form des Perfekts häufiger.

Die Einleitung soll den Lerner behutsam in das Problem einführen und einen Rahmen für das Neue schaffen. Der Lerner wird als "Lernpartner" angesprochen.

Zur Erinnerung hier noch einmal ein Text im Präteritum.

Bevor die neue Struktur eingeführt wird, soll der Lerner zunächst an das anknüpfen, was er schon kennt. Er kann auf das Bekannte aufbauen und schrittweise seine Kompetenz erweitern.

Präteritum:

> *Was **machte** Peter gestern?*

> *Peter **besuchte** seine Tante und abends **ging** er ins Kino.*

Beispiele sollen die Erklärungen unterstützen. Lieber drei Beispiele zuviel als eins zuwenig. Die Beispielsätze und die Vokabeln sollten den Lernern bekannt sein.

Perfekt:

> *Was **hat** Peter gestern **gemacht**?*

> *Gestern **hat** er seine Tante **besucht** und dann **ist** er ins Kino **gegangen**.*

Das Perfekt ist also a u c h eine grammatische Form, die ausdrückt, daß etwas in der Vergangenheit passiert ist, daß etwas vorbei ist. Diese Form wird meistens dann gebraucht, wenn jemand etwas mündlich erzählt.

Der Lerner soll erfahren, wozu er die neue Struktur lernt (pragmatischer Aspekt).

Das Perfekt setzt sich aus z w e i T e i l e n zusammen:

Sehen Sie sich die folgende Übersicht an:

Personalpronomen	Das Hilfsverb "haben"	Das Partizip Perfekt
ich	habe	
du	hast	
er	hat	gelebt
es	hat	besucht
sie	hat	studiert
wir	haben	angefangen
ihr	habt	
sie	haben	

Personalpronomen	Das Hilfsverb "sein"	Das Partizip Perfekt
ich	bin	
du	bist	
er	ist	gegangen
es	ist	gewesen
sie	ist	gefahren
wir	sind	
ihr	seid	
sie	sind	

Das Perfekt wird mit einem Hilfsverb (*haben* oder *sein*) und einer neuen Form des Verbs, dem Partizip Perfekt (*gelebt, studiert ...*), gebildet.

Grammatikalische Begriffe sollten, wenn möglich, direkt durch das Beispiel verdeutlicht werden: "Hilfsverb" = haben oder sein.

Die Formen von *haben* kennen Sie ja schon. Achten müssen Sie vor allem auf die Bildung des Partizips Perfekt (rechte Spalte der Tabelle).

Die Aufmerksamkeit des Lerners wird durch Hinweise gesteuert.

Wie Sie oben gesehen haben, bilden die Verben das Partizip Perfekt nicht alle gleich. Es gibt dabei zwei Hauptgruppen, die wir unterscheiden können:

Regelmäßige Verben (schwache Verben) und

Unregelmäßige Verben (starke Verben)

Zuerst zu den regelmäßigen Verben:

Regelmäßige Verben sind kein Problem. Sie verändern sich nicht sehr, und bei ihnen kann man sich die Bildung des Partizips Perfekt leicht merken.

Hier zunächst einige regelmäßige Verben, die Sie kennen.

a) *kaufen, laufen...*
b) *einkaufen, abkaufen...*
c) *verkaufen, bestellen...*
d) *studieren, probieren...*

Wiederholen des bekannten Stoffes, um unnötige Mißverständnisse oder Gedächtnisleistungen zu vermeiden.

a) *kaufen (gekauft)*: Bei Verben ohne Präfix (also ohne Vorsatz vor dem Verb, wie z.B.: *ab-*; *ver-*; *um-*; etc.) wird das Partizip Perfekt gebildet, indem man vor das Verb "ge" stellt: *gekauf...* und hinter das Ende des Verbstamms **kauf-** ein "t", also:

*kaufen — **ge**kauf**t***

Übung 1:

Wie heißen die Partizip Perfektformen von ...: (Schlüssel)
Die Lerner müssen die Möglichkeit haben, ihre Ergebnisse in einem Lösungsschlüssel zu überprüfen.

spielen
leben
heiraten
wohnen
arbeiten

*(Neu eingeführte Teilregeln **sofort** üben, um den Verstehensprozeß zu sichern. Bei Problemen gibt es immer die Möglichkeit, einen Schritt zurückzugehen und zu wiederholen.)*

b) *einkaufen (eingekauft)*: Bei trennbaren Verben (*Ich **kaufe** etwas **ein***) wird das "ge" zwischen die beiden trennbaren Verbteile gerückt. Das "t" steht wieder am Ende des Verbs, also:

*ein**ge**kauf**t***

Übung 2:

Setze die Perfektformen ein!
1. *Ich sehe nur Nebel. Hast du das Fernsehen richtig ... (einstellen)?*
2. *Hast du den Brief ... (abholen)?*
3. *Das Bild hat er von Rembrandt ... (abmalen)!*
4. *Komm, der Regen hat ... (aufhören)!*
5. *Er hat das Fenster nicht ... (aufmachen).*

c) *verkaufen*: Bei nichttrennbaren Verben (Feste Vorsätze wie: *ver-, zer-, er-, be-, ent-, ...*) (z.B. *Ich **verkaufe** mein Auto*) steht beim Partizip Perfekt kein "ge". Am Ende des Verbstamms steht wieder ein "t", also:

*verkauf**t***

Übung 3:

1. *Hast du das Auto ...(bezahlen)?*
2. *Meine Mutter hat mir eine verrückte Geschichte...(erzählen).*
3. *Ich kann den Brief nicht finden. Ich habe ihn ...(verlegen).*

d) *studieren*: Diese Verben, meistens Fremdwörter, haben ein *"t"* hinter dem Verbstamm, also:

studiert

Übung 4:

1. *Haben Sie meinen Kuchen schon...(probieren)?*
2. *Jetzt glänzt das Fahrrad. Er hat es auch drei Stunden... (polieren).*
3. *Die Sache ist gefährlich! Hast du das... (kapieren)?*

So, jetzt wollen wir einmal ausprobieren, ob Sie die Formen schon anwenden können. Achtung, jetzt sind die Verbformen gemischt. Am besten, Sie decken die Beispiele und die Tabellen mit der Hand ab.

Der Lerner hat die Möglichkeit zu überprüfen, ob er die verschiedenen Einzelschritte verstanden hat und ob er sie in einem komplexeren Zusammenhang wiedererkennen und bewältigen kann.

Übung 5:

1. *Mein Vater hat das Auto .... (putzen).*
2. *Sie haben den Hund überall .... (suchen).*
3. *Hast du den Rotwein schon .... (probieren)?*
4. *Ich habe die Tür nicht .... (zumachen).*
5. *Das ist nicht mein Essen, ich habe Hähnchen .... (bestellen).*

Wenn Sie in dieser Übung nicht mehr als einen Fehler haben, dann können Sie beruhigt weitermachen. Wenn Sie mehrere Fehler gemacht haben, dann gehen Sie zurück an den Anfang und lesen Sie noch einmal die Regeln mit den Beispielen durch!

Das ist eine Möglichkeit für den Lerner, individuelle Defizite zu bearbeiten.

Nun gibt es im Deutschen nicht nur schwache / regelmäßige Verben, sondern auch starke / unregelmäßige Verben, bei denen sich mehr als bei den regelmäßigen ändert. Vor allem der "Stammvokal" (*trinken*) wird sehr häufig verändert (*trinken — getrunken*). Diese Verben sollten Sie lernen ...

Wir wollen an dieser Stelle die Darstellung abbrechen und eine kurze Auswertung dieser Form der Vermittlung grammatischer Sachverhalte auf der Materialebene versuchen.

Auswertung

Durch das schrittweise, gelenkte Vorgehen erhält der Lerner Einsicht in die grammatikalischen Zusammenhänge. Grammatik wird für den Lerner verständlich und nachvollziehbar. Die erfahrene Grammatikerschließung kann dann auf andere Beispiele übertragen werden. Er lernt, Strategien des Herangehens an grammatische Phänomene zu entwickeln. Nicht das Auswendiglernen einer Grammatikregel wird gefordert, sondern das logische und auch kreative Umgehen mit sprachlichen Elementen. Die Fähigkeit, Prozesse zu durchschauen und die Möglichkeit, diese Prozesse selbständig zu rekonstruieren, erübrigt in vielen Fällen ein zeitaufwendiges, unreflektiertes Auswendiglernen und vermeidet Fehler.

Literaturhinweis:

Die Vorschläge in diesem Baustein beziehen sich vor allem auf zwei Werke: Rampillon (1985) - dort finden Sie in ähnlicher Form zum Beispiel die sechs Regeln von Seite 127 - und Zimmermann/Wißner-Kurzawa (1985). Dort werden die Probleme von Schülern und Lehrern im Grammatikunterricht dargestellt und Selbstlernverfahren vorgeschlagen.

4.5 Grammatik im Buch = Grammatik im Kopf – Grammatik-Nachschlagewerke verwenden lernen

Erinnern Sie sich noch an die Einteilung in Grammatik A, B und C? Schlagen Sie noch einmal die Seite 12 auf und sehen Sie nach! Wir werden uns in diesem Baustein wieder mit der Grammatik B beschäftigen, der Darstellung von Regeln und Strukturen in Nachschlagewerken.

Aufgabe 37

Bevor Sie weiterlesen, beantworten Sie sich bitte selbst einmal die folgenden Fragen:

- Verwenden Sie eigentlich eine Grammatik? Wozu?
- Verwenden Ihre Schüler eine Grammatik? Welche?
- Finden Sie es nötig, eine Grammatik im Unterricht zu verwenden?
- Sollten Schüler eine Grammatik haben?

_____

_____

_____

_____

_____

_____

_____

Wir wollen Sie anregen, in diesem Baustein über diese Fragen nachzudenken. Wir wollen Ihnen auf ein paar Seiten auch einige Anregungen zum Gebrauch von Grammatiken im Unterricht geben.
Elke Wißner-Kurzawa (Zimmermann / Wißner-Kurzawa 1985, 71) schildert eine Untersuchung, in der sich Schüler über die Grammatikdarstellung in den Beiheften zu Lehrwerken beklagen und vor allem die folgenden Probleme nennen:

➤ unübersichtliche Regeldarstellung
➤ schwierige Regelbeschreibung
➤ zu abstrakte Sprache, zu viele Fremdwörter
➤ zu abstrakte Symbole
➤ zu viele Details bei einer Regel
➤ zu wenige Beispiele
➤ zu uninteressant.

Solche und ähnliche Probleme gibt es praktisch mehr oder weniger im Umgang mit jeder Grammatik. Aus diesen Gründen ist es wichtig, nicht vorauszusetzen, daß Schüler selbständig mit einer Grammatik arbeiten können. Man muß dies, ebenso wie den Gebrauch des Lexikons, im Unterricht lernen. Dazu braucht man Übungen. Dazu muß man einschätzen können, welche Grammatik mehr und welche Grammatik weniger Probleme für Lerner bereitet.

Nicht alle Grammatiken sind für Lerner geeignet. Glauben Sie keinem Titel und keiner Verlagsankündigung: Sie müssen die Eignung einer Grammatik für Ihre Lerner oder für Sie selbst feststellen. Wir wollen Ihnen dabei helfen. Vergleichen Sie noch einmal auf Seite 14 den Unterschied zwischen einer linguistischen Grammatik und einer didaktischen Grammatik. Es hat sich in der Praxis gezeigt, daß die meisten Lehrer zwar ab und zu eine linguistische Grammatik zur Hand nehmen, um grammatischen Problemen auf den Grund zu gehen. Im Alltag jedoch überwiegt der Umgang mit lernerorientierten Grammatiken, die auch für den Unterricht viel besser nutzbar gemacht werden können.

Wir wollen hier einmal aus vier verschiedenen Grammatiken das Thema *daß-Satz* vorstellen mit den jeweiligen Eintragungen im Register.

Aufgabe 38

Beschreiben Sie die Unterschiede in der Darstellung! Achten Sie auf folgende Punkte:

- *erster Eindruck*
- *Klarheit der Gliederung*
- *Sprache*
- *Übersichtlichkeit.*

Konjugationsformen **F1** 1.0
Konjunktionen **G** 6.0ff.
nebenordnende – **G** 6.1
unterordnende – **G** 6.2ff.
Stellung **G** 6.5
Gebrauch und Stellung (Aufstellung) **G** 6.7
Konjunktionaladverbien **H** 10.0

daß (unterordnend: Satztyp C)
a) kennzeichnet Gliedsätze, die Subjekt des übergeordneten Satzes sind (S als Subjektsatz → **F2** 4.3)
Stellung des Gliedsatzes: auf Platz Ⓩ im Nachfeld
Stellung des Korrelats *es:* auf Platz ① im Satzfeld oder auf Platz Ⓐ im Vorfeld
  Es hat uns wirklich gefreut, *daß* du uns besucht hast.
  Hat *es* euch wirklich gefreut, *daß* ich euch besucht habe?
Stellung des Korrelats *das:* auf Platz ④ im Satzfeld oder auf Platz Ⓐ im Vorfeld
  Das hat uns wirklich gefreut, *daß* du uns besucht hast.
  Hat euch *das* wirklich gefreut, *daß* ich euch besucht habe?
Stellung des Gliedsatzes: auf Platz Ⓐ im Vorfeld, ohne Korrelat
  Daß du uns besucht hast, hat uns wirklich gefreut.

b) kennzeichnet Gliedsätze, die Objekt des übergeordneten Satzes sind (Oa als Objektsatz → **F2** 5.4)
Stellung des Gliedsatzes: auf Platz Ⓩ im Nachfeld
Stellung des Korrelats *es:* auf Platz ② im Satzfeld

Griesbach (1986), 422 und 232

---

674 **Die Konjunktionen *daß, ob, wie***

Die Konjunktionen *daß, ob* und *wie* kennzeichnen in vielen Fällen keine bestimmten inhaltlichen Beziehungen. Zu ihrem Verknüpfungswert und zu den entsprechenden Sätzen vgl. 1213.

> Er wußte, *daß* er blaß wurde. (Böll) *Ob* man ihm etwas anmerkte, hätte er gerne gewußt. Ich fühlte, *wie* er mich schärfer ansah. (Seghers)

1213 ## 3.3 Inhaltsbeziehungen

3.3.1 Allgemeines zu den Inhaltsbeziehungen

Als allgemeinste Charakteristik für Satzgefüge, die dem Teilbereich Inhaltsbeziehungen zuzuordnen sind, hatten wir oben (vgl. 1197) bestimmte Anschlußmerkmale herausgestellt: Einleitung des Nebensatzes durch Fragepronomen oder Fragepartikel, durch *daß* oder bestimmte andere mit *daß* austauschbare Anschlußmittel. Bevor wir uns mit Einzelheiten hierher gehörender Anschlußmöglichkeiten und Anschlußwerte beschäftigen können, müssen wir zunächst auf wichtige Gemeinsamkeiten der Satzgefüge eingehen, die hierher gehören.

Inhaltssätze können folgende Anschlußmerkmale haben:
1. *daß* + Endstellung des Finitums:

> Es hat mich gefreut, *daß* er das versprochen hat.
> Er sagt, *daß* alles seine Ordnung hat/habe.
> Es ist wichtig, *daß* er einmal kommt.

Drosdowski (1984), 782 , 380 und 678

KONJUNKTIONEN OHNE EIGENE BEDEUTUNG

daß *Grammatik:* normal (siehe S. 139).

Gebrauch: Der Nebensatz mit *daß* hat die Bedeutung eines Aussagesatzes:

Ich bin sicher, daß Sie in einer Woche wieder gesund sind.
  ← In einer Woche sind Sie wieder gesund.

Ich glaube nicht, daß das Bild echt ist.
  ← Das Bild ist nicht echt.

Kars (1988), 282 und 152

---

daß (I, 18)

Wir teilen Ihnen mit, **daß** die Miete DM 89.– monatlich beträgt.
Jochen schreibt aus England, **daß** es ihm gut geht.

Daß er nicht besonders fleißig ist, ist bekannt.
(= Es ist bekannt, **daß** er nicht besonders fleißig ist.)

Man rechnet **damit, daß** Arbeiter entlassen werden könnten.
Wir haben uns (**darum**) bemüht, **daß** er sich bei uns wohl fühlt.

Ich habe (**es**) gewußt, **daß** er nicht kommen würde.

Luscher (1975), 182 und 167

Die Aufgabe einer Grammatik für Lerner ist es nicht, die Herleitung von grammatischen Phänomenen aufzuzeigen, sondern das Ergebnis, die Erscheinungen selbst in ihren verschiedenen Formen darzustellen und den Gebrauch mit Beispielen zu belegen. Aus den bisherigen Bausteinen lassen sich in einer Übersicht folgende Merkmale einer Grammatik für Lerner festhalten:

Eine Grammatik für Lerner...

Zusammenfassung

➤ ...ist bemüht um eine Einteilung der Strukturen in übersichtliche Teilsysteme.

➤ ...lehnt sich in der Auswahl der Bezeichnungen oft nicht nur an einer einzigen Grammatiktheorie an.

➤ ...bezieht sich in der Darstellung auf eine bestimmte Zielgruppe.

➤ ...ist bemüht um anschauliche Gebrauchsbeispiele.

➤ ...legt Wert auf die Hervorhebung.

➤ ...stellt besonders häufig gebrauchte Strukturen ausführlich dar, widmet weniger gebrauchten Strukturen nicht viel Platz.

➤ ...entnimmt die Beispiele eher der Alltagssprache und -erfahrung der Lerner.

➤ ...kann rasch als Nachschlagewerk von Lernern (und auch Lehrern) herangezogen werden.

Diese Zusammenstellung bedeutet aber auch, daß eine Grammatik für Sprachwissenschaftler im Unterricht wegen der oben beschriebenen Besonderheiten praktisch nicht zu verwenden ist.

Nun ist es im Unterrichtsalltag nicht üblich, daß eine Grammatik zum Unterrichtsgegenstand gemacht wird. Dazu wollen wir Ihnen eine Möglichkeit zeigen, damit der Lerner lernt, eine Grammatik selbständig zu benutzen. Für den Lehrer bedeutet dies im Unterricht eine große Erleichterung, da er auf diese Kenntnisse der Lerner dann aufbauen und zurückgreifen kann. Er kann z.B. den Lernern Wiederholungsaufträge erteilen und bei einer entsprechenden Einführung davon ausgehen, daß der Großteil der Lerner sachgerecht mit der Grammatik umgehen kann.

Alle Grammatiken haben Vor- und Nachteile. Wichtig ist, daß die Lerner mit ihrer Grammatik umgehen können. Die Lehrer auf der anderen Seite müssen die Grammatiken richtig auf ihre Leistungsfähigkeit hin einschätzen können. So, wie man das Nachschlagen und richtige Interpretieren der Einträge in einem Wörterbuch lernen muß, muß und kann man auch das Nachschlagen in einer Grammatik üben. Dazu nun einige Vorschläge, die im Prinzip mit jeder lernerorientierten Grammatik durchgeführt werden können.

Die bekanntesten und in der Praxis am häufigsten zu findenden Nachschlagewerke deutscher Verlage für Lerner sind zur Zeit:

Eppert, F. (1988): *Grammatik lernen und verstehen. Ein Grundkurs für Lerner der deutschen Sprache.*

Griesbach, H. (1986): *Neue deutsche Grammatik.*

Kars, J. / Häussermann, U. (1988): *Grundgrammatik Deutsch.*

Luscher, R. (1975): *Deutsch 2000. Grammatik der modernen deutschen Umgangssprache.*

Nieder, L. (1986): *Lernergrammatik für Deutsch als Fremdsprache.*

Grammatiken, die sich speziell mit Grammatikdarstellungen für die Mittelstufe und darüber hinaus beschäftigen, und zweisprachige Grammatiken, die unter Umständen kontrastiv vorgehen, klammern wir an dieser Stelle aus.

Wir gehen davon aus, daß die Prinzipien für den Umgang mit Grammatiken schon im Anfangsunterricht gelegt werden sollten und dann auf höheren Sprachlernstufen verfügbar sind.

Zum Schluß ein paar Übungsvorschläge für Ihren Unterricht. Wir möchten die Übungsvorschläge mit grammatischen Nachschlagewerken in zwei Kategorien gliedern:

1. Übungen, um die Grammatik kennenzulernen
2. Übungen, um mit der Grammatik Probleme zu lösen.

Interessante Hinweise zur Arbeit mit Grammatiken im Unterricht haben wir dabei in der Arbeit des britischen Fremdsprachendidaktikers Tom Hutchinson (1987), *Using Grammar Books in the Classroom*, gefunden.

1. Übungen, um die Grammatik kennenzulernen

Viele Lerner sind zunächst völlig überfordert, wenn sie selbständig mit einer Grammatik arbeiten sollen. Zum Kennenlernen der Grammatik und zum Vertrautwerden hier die folgende Übung mit einer Checkliste, die Sie vor Beginn des Unterrichts zusammenstellen können. Ziel ist es, anhand der Checkliste die Lerner einen "Spaziergang" durch die Grammatik machen zu lassen und sie vertraut zu machen mit Begriffen und Suchwegen, die sie bei der späteren Bearbeitung von Problemen benötigen.

Übungsvorschlag 1

Ziel: Einen Überblick über die Grammatik erhalten; in einer Grammatik "blättern" lernen.

Unterteilen Sie die Klasse in Gruppen! Jede Gruppe sollte eine Grammatik zum Bearbeiten haben. Fragen Sie zunächst:

Beispiel

➤ Wer ist der Autor der Grammatik?

➤ Auf welcher Seite beginnt der Index?

➤ Auf welcher Seite gibt es Informationen über die Aussprache?

➤ Auf welcher Seite finden Sie (z.B.) Informationen über den bestimmten Artikel?

➤ Was bedeuten die Zahlen und Buchstaben im Index? Kapitel- oder Seitenangaben?

➤ Wo finden Sie Informationen in der Grammatik über (z.B.) Modalverben?

➤ Gibt es auf den Seiten über Modalverben Verweise auf andere Seiten? Schlagen Sie nach!

➤ Stellen Sie alle Seiten zusammen, die Informationen über Modalverben enthalten!

➤ ...

Hinweis: Sie können die einzelnen Aufgaben zunächst im Plenum, dann aber auch als Gruppen-, Partner- und zum Schluß als Einzelarbeit lösen lassen, um die Schüler allmählich an ein selbständiges Vorgehen zu gewöhnen.

Übungsvorschlag 2

Ziel: Grafische Hilfen, Symbole und Verweissysteme kennenlernen.

Vorschlag: Kopieren Sie eine Seite der Grammatik, die typisch für das System der Darstellung ist! Markieren Sie wie im folgenden Beispiel eine Reihe von Verweisen, Symbolen, Drucktypen etc. und bitten Sie die Teilnehmer, die Bedeutung der markierten Punkte zu erklären! Dies kann durchaus auch in der Muttersprache geschehen.

Diese Wörter in der Grammatik sind nicht schwarz, sondern orangefarben gedruckt. Was bedeutet die Farbe?

Was bedeuten die Zahlen?

Die Konjunktion *aber* verbindet hier zwei Satzelemente. Sie kann auch zwei Nebensätze verbinden oder zwei Hauptsätze verbinden. Sie ist eine nebenordnende Konjunktion. Die Konjunktion *weil* verbindet einen Nebensatz mit einem Hauptsatz. Sie ist eine unterordnende Konjunktion.

Wenn eine Konjunktion zwei Sätze verbindet, steht sie fast immer isoliert zwischen diesen beiden Sätzen:

I   II
Du spielst Tennis, (*und*)   ich trinke Kaffee.

I   E
Du spielst Tennis, (*während*)   ich Kaffee trinke.

I   E
Ich komme,   (*sobald*)   ich Kaffee getrunken habe.

Die Konjunktion steht also „im leeren Raum" außerhalb der Sätze. Sie ist wie ein Pfeil, der von außen auf den zweiten Satz zeigt. Sie steht links von dem zweiten Satz, und zwar links von Position I des zweiten Satzes (mehr über die Wortposition im Satz Seite 187 – 198). Es gibt nur wenige Konjunktionen, die auch mitten im Satz stehen können, aber das müssen Sie nicht lernen, denn *alle* Konjunktionen können auch so stehen, wie wir es Ihnen hier oben gezeigt haben. Es folgen nun

Nebenordnende Konjunktionen   Seite 135
Unterordnende Konjunktionen   Seite 139

Wenn du die Grammatik hast, lies nach, was auf diesen Seiten zu finden ist! Wenn nicht, überlege, was wohl auf diesen Seiten stehen könnte!

Warum sind diese Sätze fett gedruckt?

Nebenordnende Konjunktionen

Sie verbinden zwei Satzelemente, manchmal auch nur zwei Wörter:

Eine kurze, *aber* höfliche Frage.
Ich habe die alten Briefe *und* die unnötigen Bücher weggeworfen.

Sie verbinden zwei (Nebensätze:)

Ich kündige, weil mir die Arbeit nicht gefällt *und* weil ich zu schlecht verdiene.

Sie verbinden zwei (Hauptsätze:)

Sie ißt Berge von Spaghetti, *aber* sie wird nicht dick.

Wo kannst du herausfinden, was diese beiden Begriffe bedeuten?

nach Kars (1988), 135

137

Die folgende Übung zur aktiven Beschäftigung mit der Grammatik können Sie anwenden, um die Aufmerksamkeit der Schüler für einige Zeit auf eine bestimmte Stelle in der Grammatik zu lenken. Sie setzen sich mit der Anordnung der Informationen und der verwendeten Terminologie intensiv auseinander. Geben Sie Ihren Lernern eine Seite (oder eine bestimmte Anzahl von Seiten) in der Grammatik vor! Die Gruppe soll sich dann fünf Minuten intensiv mit diesen Seiten beschäftigen und so viele Informationen wie möglich speichern. Dann stellen Sie vorbereitete Fragen zu den gelesenen Seiten.

Aufgabe 39

Formulieren Sie drei Fragen, die mit der folgenden Seite aus einer Grammatik beantwortet werden können!

*1.*_____

*2.*_____

*3.*_____

Fügewörter: Konjunktionen

Unterscheidung **als / wenn**

	Gegenwart und Zukunft	Vergangenheit
nur einmal { Ereignis Zustand	wenn wenn	als als
immer wieder (häufige Wiederholung derselben Situation)	wenn	wenn

Beispiele:

	Gegenwart und Zukunft	Vergangenheit
nur einmal { Ereignis Zustand	**Wenn das Konzert aus ist, bin ich froh.** **Wenn ich einmal alt bin, lese ich Goethes Faust.**	**Als das Fest zu Ende war, lief Aschenputtel fort.** **Als Aschenputtel noch zu Hause wohnte, mußte sie von früh bis spät in der Küche arbeiten.**
immer wieder (häufige Wiederholung derselben Situation)	**Immer** wenn **du dich ärgerst, beginnst du zu schreien.**	**Immer** wenn **der Prinz das Mädchen umarmen wollte, verschwand es in der Nacht.**

während   *Grammatik:*   normal (siehe S. 139). Der Nebensatz mit *während* kann in allen Zeitstufen stehen.

              Gebrauch: Die Konjunktion *während* bezeichnet (in der Gegenwart, Vergangenheit oder Zukunft) zwei Abläufe, die eine Zeitlang parallel gehen:

                       Wir sitzen in der warmen Stube, während es draußen schneit.

                       Die Konjunktion *während* kann auch einen logischen Kontrast zwischen Nebensatz und Hauptsatz andeuten:

                       Während die einen sich um Frieden bemühen, erfinden die anderen neue Waffen.

                       Das Wort *während* kann auch Präposition sein (siehe Seite 134).

Kars (1988),149

Alternative zum Übungsvorschlag 3: Teilen Sie die Lerner in Gruppen auf und geben Sie den Gruppen 5 Minuten Zeit, um Fragen zu diesen Seiten schriftlich zu formulieren (wenn nötig in der Muttersprache)! Die Antworten werden dann im Plenum zusammen erarbeitet.

2. Übungen, um mit der Grammatik Probleme zu lösen

Lerner wissen in der Regel nicht, wie sie beim Auftreten eines Problems die Grammatik sinnvoll zu Hilfe nehmen können. Auch dies sollte immer wieder im Unterricht selbst geübt werden und nicht von Anfang an der individuellen häuslichen Arbeit überlassen bleiben.

Fehlerreparatur

Übungsvorschlag 1

Ziel:

In dieser Übung sollen die Teilnehmer sprachliche Probleme, wie sie sich häufig in Fehlern der schriftlichen Arbeiten dokumentieren, mit Hilfe der Grammatik lösen lernen.

Vorschlag:

Sammeln Sie aus Fehlern in den Hausaufgaben Ihrer Lerner die fünf häufigsten Fehlertypen und schreiben Sie die falschen Sätze an die Tafel! Kontrollieren Sie vorher, ob die Fehler mit Hilfe der benutzten Grammatik auch relativ eindeutig zu finden und zu erklären sind! Teilen Sie die Lerner in Gruppen! In jeder Gruppe sollte eine Grammatik zur Verfügung stehen.

Übungsanweisung an die Schüler:

Sehen Sie sich die folgenden Fehlersätze an! Was ist falsch? Beschreiben Sie den Fehler mit Hilfe der Grammatik! Finden Sie die Regel, die verletzt wurde! (Seite / Kapitel)

Die einzelnen Gruppen berichten nach einer kurzen Zeit über ihre Ergebnisse und vergleichen diese.
Die Fehlersuche kann natürlich auch als spielerische Aktivität, z.B. als Wettbewerb unter den Lernern, durchgeführt werden.

Grammatikregeln belegen

Übungsvorschlag 2

Schreiben Sie eine Reihe von Grammatikproblemen, die bei den Lernern häufig zu Fehlern geführt haben, auf Kärtchen, z.B.:

Wo steht in *weil-*Sätzen das Verb?	
	Warum heißt es: *Ich war bei deiner Mutter* und nicht: *Ich war bei deine Mutter?*
Was ist richtig? *Das Bild hängt an die Wand* oder: *Das Bild hängt an der Wand?*	
	Was ist hier falsch? *Jeden Morgen, ich gehe in die Schule.*

Stimmt das?

gehen ging gegehen

laufen lief gelaufen

schreiben schreibt geschreiben

Wie geht der Satz richtig weiter?

Wenn ich Geld hätte,
a) *ich können ein Auto kaufen.*
b) *kann ich ein Auto kaufen.*
c) *könnte ich ein Auto kaufen.*

Teilen Sie die Lerner in Gruppen auf! Lassen Sie jeweils zwei Kärtchen von jeder Gruppe ziehen und die Probleme beantworten! Die Gruppe, die zuerst mit Hilfe von Angaben aus der Grammatik ihre Antwort belegen kann, hat gewonnen.

Generell sollten Lerner in der Lage sein, zunächst kürzere Sätze, später jedoch auch längere Texte unter Zuhilfenahme von Wörterbüchern und Grammatiken zu korrigieren. Die Aufforderung von Lehrern, z.B. beim Aufsatzschreiben etc.: *Nehmen Sie sich am Ende noch einmal eine Viertelstunde Zeit, um die Fehler zu verbessern*, macht nur Sinn, wenn die Lerner auch wissen, wie sie das mit Hilfe der Materialien, die ihnen zur Verfügung stehen (in der Regel Wörterbuch und Grammatik), anstellen sollen.

Übungsvorschlag 3

Überprüfen von Regeln

Wir haben an anderer Stelle in dieser Studieneinheit beschrieben, wie Lerner, gelenkt und ungelenkt, zur Formulierung einer Regel kommen sollen. Hinweis: Sie können an dieser Stelle fortfahren, indem Sie nun die gefundenen Regeln bzw. die Hypothesen der Schüler sammeln und aufschreiben und sie dann anhand einer Grammatik überprüfen lassen.

Beispiel

Ausgangssätze zum Problem der Wortstellung bei Zeitangaben. Die Schüler sollen Sätze mit Hilfe ihrer selbst gefundenen Regeln beurteilen und dann mit der Grammatik überprüfen.

Seit gestern habe ich ein neues Fahrrad.

Ich habe seit gestern ein neues Fahrrad.

Seit gestern ich habe ein neues Fahrrad.

Ein neues Fahrrad ich seit gestern habe.

Ein neues Fahrrad habe ich seit gestern.

Übungsvorschlag 4

Üben der grammatischen Bezeichnungen

Bis weit in die Mittelstufe und darüber hinaus haben Lerner Probleme mit der grammatischen Terminologie. Eine Form des Übens von grammatischen Bezeichnungen, die ja im Unterricht und in den Materialien häufig auftauchen, ist die Analyse von Wörtern und Sätzen unter Zuordnen von v o r g e g e b e n e n grammatischen Bezeichnungen.

Schlüssel

1.1
Kennen Sie diese grammatikalischen Begriffe?
Ordnen Sie die Beispiele den Begriffen zu.

Beispiel: "mein(e)" ist ein Possessivpronomen, 1. Person Singular.

war	Possessivpronomen, 1. Person Singular
wir	2. Person Singular von "sein", Präsens
Ich habe <u>einen Freund</u>.	Nomen, Plural
mein(e)	3. Person Singular von "sein", Präteritum
<u>Das Haus</u> ist weiß.	Personalpronomen, 3. Person Singular, Akkusativ
ihn	Personalpronomen, 1. Person Plural, Nominativ
bist	Nominativergänzung
die Autos	Infinitiv
haben	Akkusativergänzung

(eigenes Material)

Übungen dieser Art stellen auf lange Sicht nicht nur das Verständnis, sondern auch den aktiven Gebrauch der grammatischen Terminologie sicher, so daß Sie im Unterricht darauf zurückgreifen können. Sicher fallen Ihnen noch viele weitere nützliche Übungsmöglichkeiten ein, wenn Sie bei der aktiven Arbeit mit Grammatiken im Unterricht Erfahrungen gewonnen haben. Wir wollten Sie an dieser Stelle animieren, die Grammatik aktiv in Ihren Unterrichtsprozeß einzubeziehen, mit dem Ziel, die Lerner sicherer und vertrauter mit diesem wichtigen Handwerkszeug zu machen.

Tom Hutchinson (1987) faßt seine Vorschläge für den Lehrer in folgenden Punkten zusammen:

1. Arbeiten Sie mit der Grammatik im Unterricht regelmäßig, aber nicht zu häufig. Die Lerner sollen sich an ihre Grammatik gewöhnen, sie jedoch nicht als Last empfinden.

2. Die Lerner sollen nicht bei jedem Problem sofort zur Grammatik greifen. Ermutigen Sie in jedem Fall zunächst e i g e n e Lösungsstrategien. Die Grammatik sollte mehr die Funktion einer Bestätigung, einer Klärung erhalten.

3. Alle Lerner sollten ein eigenes Exemplar der empfohlenen Grammatik besitzen. Wenn das nicht möglich ist, sollte wenigstens ein Klassensatz bereitstehen, so daß z.B. zwei Lerner gleichzeitig mit einer Grammatik arbeiten können.

4. Lerner sollten schon zu einem frühen Zeitpunkt mit einer Grammatik arbeiten. Je früher Sie diese Arbeit ermöglichen, um so besser können Ihre Lerner Strategien im Umgang damit erlernen und üben.

5. Die Übungen in diesem Bereich sollten abwechslungsreich und interessant sein und Spaß machen. Wenn die Schüler die Arbeit mit der Grammatik als langweilig empfinden oder sie total ablehnen, dann machen Sie etwas falsch.

5 Vorschläge zur Übertragung von Anregungen aus dieser Studieneinheit auf die Unterrichtspraxis

Sicher haben Sie auch schon, ehe Sie dieses Kapitel beginnen, einige Tips und Ideen aus dem bisherigen Text im Unterricht verwenden können. Wir wollen hier noch einmal einige Anregungen zusammenfassen, wiederholen und erweitern.

Einige Tips zur Arbeit mit diesem Kapitel: Sie haben diese Studieneinheit sicher nicht an einem Stück durchgearbeitet. Sie sollten auch dieses Kapitel nicht einfach an einem Stück durchlesen. Wir haben es parallel zu den Kapiteln gegliedert. Nehmen Sie sich jeweils einen Punkt vor und überlegen Sie, was Sie bearbeiten können!

Ein Vorschlag zur Weiterarbeit:

➤ Blättern Sie zunächst noch einmal durch das dazugehörige Kapitel der Studieneinheit!

➤ Beginnen Sie einfach mit dem Kapitel oder Kapitelabschnitt, der Ihnen am meisten Spaß gemacht hat oder am interessantesten erschien, und suchen Sie sich dort diejenigen Anregungen und Unterrichtsvorschläge aus, die Ihnen am schnellsten umsetzbar erscheinen!

➤ Falls Sie die Einheit in Zusammenarbeit mit Kollegen in einer Gruppe bearbeiten, bietet es sich an, diese Arbeit aufzuteilen.

➤ Machen Sie sich nun einen Arbeitsplan! Notieren Sie Arbeitsschritte und Bücher sowie Material, das Sie dazu benötigen!

Soviel zur Planung. Haben Sie sich schon einen Kapitelabschnitt ausgesucht?

1. In der Einleitung geht es besonders um die Einstellung von Lehrern und Lernern zur Grammatik. Übrigens: Hat die Arbeit mit dieser Studieneinheit Ihre Einstellung zur Grammatik irgendwie beeinflußt oder sogar ein bißchen verändert?

Versuchen Sie einmal, die Einstellung Ihrer Schüler zur Grammatik herauszufinden! Was macht Ihnen am meisten Probleme? Was macht auf den Grammatikseiten Ihrer Lehrbücher am meisten Spaß? Welche Übungsformen sind populär / unpopulär?

Arbeitsanregung:

Sie könnten mit Kollegen einen Fragebogen hierzu entwickeln oder das Thema an einer Lehrwerklektion einmal in einem Unterrichtsgespräch thematisieren. Aus diesem Gespräch oder Fragebogen erhalten Sie sicher Hinweise darauf, welche Form des Grammatikunterrichts von Ihren Schülern als angenehm oder effektiv angesehen wird. Sie haben damit eine Basis für Ihre weitere Arbeit.

2. Thema des 2. Kapitels war zunächst der Vergleich von Inhaltsverzeichnissen von Lehrwerken. Dabei ist der unterschiedliche Stellenwert der Grammatik deutlich geworden. Aufgabe 4 hatte bereits Ihr eigenes Lehrwerk zum Thema. Sie haben sein Inhaltsverzeichnis mit den Beispielen in dem Kapitel verglichen und selbst einen Eintrag in das Inhaltsverzeichnis entworfen.

Arbeitsanregung:

Falls Sie die Inhaltsangaben in Ihrem Lehrwerk als unzureichend oder für Schüler schwer verständlich ansehen, versuchen Sie einmal, jeweils in wenigen Sätzen in der Muttersprache der Schüler die Lernziele der Lektionen kurz zu beschreiben und damit den Inhalt des Lehrwerks transparenter zu machen!

In Aufgabe 5 (S. 22) haben Sie die folgenden Fragen zur Grammatik in Lehrwerken bearbeitet:

Arbeitsanregungen zur Lehrwerkanalyse

1) Was ist das (von den Autoren genannte oder implizite) Lernziel des Kapitels?
2) Welche Texte werden präsentiert (Dialoge / Lesetexte / etc.)?
3) Welche Grammatikstrukturen und -regeln werden eingeführt?
4) Mit welchen Situationen/Inhalten werden die grammatischen Strukturen verbunden?
5) Wie sind die Strukturen und Regeln optisch markiert?
6) Wie viele Übungen werden zu einem einzelnen grammatischen Thema jeweils durchgeführt?
7) Welche grammatischen Kenntnisse erfordern die einzelnen Übungen?
8) Untersuchen Sie die einzelnen Übungen und machen Sie eine Stichwortliste zu den Übungszielen! Was wird konkret geübt? Was sollen die Lerner genau tun?
9) Welche Aufgaben hat der Lehrer konkret bei der Arbeit mit dieser Lektion?
10) Versuchen Sie, sich den Unterricht mit dieser Lektion vorzustellen (Wer tut/sagt/ was? Wie lange dauern die Übungen? Welche Unterrichtsphasen kann man unterscheiden?)!

Sie können die Arbeitsfragen nun in gleicher Weise auf ein Lehrwerk, mit dem Sie arbeiten, anwenden. Notieren Sie die Ergebnisse! Sie erhalten damit eine Grundlage, auf der Sie Veränderungen planen können.

Wir haben im Kapitel 2 eine Unterrichtsstunde vorgestellt, die Teil der Videodokumentation *Grammatik im Unterricht* des Goethe-Instituts ist. Beispielstunden aus diesem Projekt sind in jedem Goethe-Institut vorhanden. Sie finden dort auch einen Ordner mit einer Übersicht über das komplette Videomaterial, mit den einzelnen Stundenprotokollen und den Arbeitsmaterialien. Falls Sie die Möglichkeit dazu haben, sehen Sie sich einmal diese oder eine andere Grammatikstunde an! Vielleicht wählen Sie sich ein Grammatikthema aus, das auch in dieser Einheit besprochen wird, und vergleichen es mit den Vorschlägen hier und mit Ihren eigenen Unterrichtserfahrungen. Am besten ist, Sie sehen sich die Videodokumentation nicht allein an: Lesen Sie vorher Stundenprotokoll und Unterrichtsmaterial durch und besprechen Sie mit Kollegen genau, worauf Sie achten wollen (Übungsformen, Lehrer-/ Schüleraktivitäten usw.) Übrigens: Die 10 Arbeitsfragen können Sie ebenfalls auf die Grammatikstunden auf Video anwenden.

3. In dieser Studieneinheit werden drei Lehrwerkarten unterschieden, die jeweils auf andere Weise mit der Grammatik umgehen. Jede der Methoden hat Vor- und Nachteile für bestimmte Lernergruppen. In der Nacharbeit zu diesem Kapitel sollten Sie versuchen, den Standort Ihres Lehrwerks zu bestimmen. Sie können sich dazu ebenfalls die Situation "Beim Arzt", die in fast allen Lehrwerken enthalten ist, oder die Einführung des *daß*-Satzes vornehmen und mit den Beispielen in diesem Kapitel vergleichen.

Auf den Seiten 52-54 werden Prinzipien eines kommunikativen Grammatikunterrichts vorgestellt. Wenn möglich, diskutieren Sie auf der Grundlage von konkreten Beispielen aus Ihrem Lehrbuch! Welche Prinzipien sind dort berücksichtigt? In welcher Weise könnte man die Grammatikpräsentation dort verändern?

4. Das Kapitel 4 enthält in jedem Baustein schon eine ganze Reihe von konkreten Aufgaben, bei denen Sie dazu angeregt werden, die Unterrichtsvorschläge des Kapitels auf Ihren eigenen Unterricht zu übertragen. Wir wollen hier nur noch einmal auf die entsprechenden Aufgaben verweisen.

Baustein 1 (Progression)

Hier ging es um die Grammatikprogression. Der Baustein kann der Ausgangspunkt einer kritischen Überprüfung der Grammatikprogression in Ihrem eigenen Lehrwerk sein. Im Anschluß an Aufgabe 14 sollten Sie sich Ihr Lehrbuch vornehmen und die Reihenfolge der Regeleinführung mit den Beispielen dieser Studieneinheit vergleichen. Notieren Sie Abweichungen und besprechen Sie - wenn möglich - mit Kollegen die Gründe dafür! Zwei Fragen sollten dabei beantwortet werden:

1. Gibt es Regeln, die früher / später eingeführt werden sollten?
2. Gibt es Regeln, deren Einführung man aufteilen könnte?

Wenn Sie in einer Gruppe arbeiten, dann können Sie gemeinsam einen Vorschlag erarbeiten. Die drei Unterrichtsvorschläge in diesem Baustein (Perfekt, Modalverben und Dativpronomen) können als Modell verwendet werden.

Wenn Sie das Perfektbeispiel bearbeiten wollen, können Sie in den folgenden Arbeitsschritten vorgehen:

Schreiben Sie einen "Mustertext", in dem Sie sich an den Biographien Ihrer Lerner orientieren, d. h., Sie können auch konkret eine Biographie schreiben, die die Lerner in Ihrer Klasse kennen! Ihr Text sollte möglichst viele Wörter und Satzelemente enthalten, die die Lerner später, wenn Sie ihren eigenen Text schreiben, wieder verwenden können.

Sie haben nun ein Muster zur Perfekteinführung.

Bearbeiten Sie nun das Muster für die Lernergruppen, mit denen Sie arbeiten, indem Sie die Übungen dem neuen Text anpassen!

Baustein 2 (Visualisierung)

In dem Baustein werden vier Möglichkeiten, Grammatik zu visualisieren, unterschieden. Sehen Sie sich noch einmal die Beispiele in diesem Baustein an und ...

➤ ... vergleichen Sie mit Lehrwerken, die sie kennen! Welche Möglichkeiten werden dort genutzt / nicht genutzt?

➤ Wie reagieren Ihre Schüler auf die verschiedenen Formen von Visualisierung?

➤ Fordern die visuellen Darstellungen eindeutig bestimmte sprachliche Inhalte, eventuell sogar bestimmte grammatische Strukturen?

In dem Baustein wird ein ausführlicher Unterrichtsvorschlag zur Arbeit mit Oval und Rechteck für Verben und Ergänzungen gemacht.

➤ Versuchen Sie, den Vorschlag einmal im Hinblick auf das Lehrwerk, mit dem Sie arbeiten, umzusetzen!

Wählen Sie dazu einen Punkt in Ihrem Lehrwerk, an dem Sie die vorgeschlagene Übungsfolge einsetzen können!

➤ Schreiben Sie die zu diesem Zeitpunkt bereits eingeführten Verben und Ergänzungen auf!

➤ Entwerfen Sie die Übungen nach den Mustern in diesem Baustein!

Baustein 3 (Spiele)

In diesem Baustein ging es uns nicht um die Vorstellung einer weiteren Spielesystematik, sondern um einige ganz konkrete, variable spielerische Übungsprinzipien. Die Aufgaben 26 bis 32 in diesem Kapitel sind praktisch schon Vorschläge zur

Anwendung und Variation dieser Spielprinzipien. Wenn Sie dazu Gelegenheit haben, sollten Sie in einer Gruppe arbeitsteilig einige der Spiele basteln oder vorbesprechen und dann gemeinsam Ihre Erfahrungen aus dem Unterricht auswerten. Welche Spiele haben den Schülern am meisten Spaß gemacht? Was hat nicht so gut geklappt? Was könnte man verbessern?

Baustein 4 (Regeln finden)

In diesem Kapitelabschnitt werden eine Reihe von Vorschlägen für Grammatikerklärungen entwickelt und einige Aufgaben zur Unterstützung der Lerner bei der eigenständigen Regelfindung vorgeschlagen.

Schauen Sie sich die Erklärungen und Tabellen zur Grammatik in Ihrem Lehrwerk nochmals an. Welcher der Kritikpunkte trifft auf Ihr Lehrwerk zu / nicht zu? Machen Sie eine Liste!

Wenn Sie in einer Gruppe arbeiten, simulieren Sie einmal die Erklärung einer grammatischen Regel und zeichnen Sie die Erklärung auf Kassette auf! Was könnte man verbessern?

Und schließlich: Arbeiten Sie nach dem Muster der Perfekteinführung einmal eine Übungs- und Erklärungssequenz zu diesem oder einem anderen Thema aus und erproben Sie den Entwurf im Unterricht!

Baustein 5 (Nachschlagewerke verwenden)

Auch hier sind die Aufgaben praktisch im Text angelegt. Sie können die Arbeitsfragen und Arbeitshinweise jeweils auch auf die Grammatik anwenden, die Sie selbst benutzen.

➤ Vergleichen Sie: Wie werden dort die *daß-Sätze* behandelt?

➤ Welcher Form der Darstellung in dieser Studieneinheit gleichen sie?

➤ Versuchen Sie, Parallelen in der Grammatikdarstellung zwischen Ihnen bekannten Werken und den hier genannten Nachschlagewerken zu ziehen!

➤ Fragen Sie Deutschlerner / Ihre Schüler: Zu welchem Zweck benutzen Sie eine Grammatik? Welche Probleme haben Sie dabei? Wie müßte eine hilfreiche Grammatik für Sie aussehen?

Zu den Unterrichtsvorschlägen:

Adaptieren Sie die Vorschläge und erarbeiten Sie - wenn möglich mit anderen Kollegen - eine kleine Übungssequenz als Kopiervorlage zu der Grammatik, die Sie oder Ihre Schüler verwenden. Führen Sie die Übungen mit Schülern durch und ändern Sie sie dann da, wo nötig!

6 Literaturhinweise

Vorbemerkungen

Zum Thema Grammatik ist die fachdidaktische Literatur umfangreich und differenziert. Wir wollen hier nicht den Versuch machen, eine systematische Zusammenfassung zu geben. Wir beschränken uns auf Titel, die ...

➤ ... grundlegende Informationen zur didaktischen Grammatik in kurzer übersichtlicher Form enthalten,

➤ ... direkte praktische Hinweise für den Unterricht enthalten,

➤ ... in der Regel in den Bibliotheken der Goethe-Institute zur Verfügung stehen oder auf andere Weise leicht zugänglich sind,

➤ ... in der Studieneinheit erwähnt oder zitiert worden sind.

1. Zur Grammatikdidaktik

BAUSCH, Karl-Richard (Hrsg.) (1979): *Beiträge zur didaktischen Grammatik. Probleme, Konzepte, Beispiele.* Königstein/Ts.: Scriptor Verlag.
In den verschiedenen Aufsätzen geht es um die Grundlagen des Verhältnisses von linguistischer und didaktischer Grammatik. Konkrete Hilfen für den Unterricht ergeben sich daraus aber erst in zweiter Linie. Hier geht es eher um Theorie.

BAUSCH, Karl-Richard u.a. (Hrsg.) (1989): *Handbuch Fremdsprachenunterricht.* Tübingen: Francke Verlag.
In diesem Sammelband beziehen sich eine Reihe von Stichwörtern (bes. Nr. 40 u. 56) auf die Grammatik.

DAHL, Johannes / WEIS, Brigitte (Hrsg.) (1988): *Grammatik im Unterricht. Expertisen und Gutachten zum Projekt "Grammatik im Unterricht" des Goethe-Instituts München.* München: Goethe-Institut, Referat 42.
Alle Aufsätze beziehen sich auf die Videodokumentationen *Grammatik im Unterricht.*

DAHL, Johannes / WEIS, Brigitte (Hrsg.) (1988): *Handbuch Grammatik im Unterricht.* München: Goethe-Institut, Ref. 42.
Zwei Stunden aus diesem Projekt haben wir in Kapitel 2 vorgestellt.

DAUVILLIER, Christa (1986): *Im Sprachunterricht spielen? aber ja!* München: Goethe-Institut .
Nur die in Kapitel 2 vorgestellten Spiele beziehen sich auch auf grammatische Themen.

FRANK, Christine / RINVOLUCRI, Mario (1983): *Grammar in Action.* München: Max-Hueber-Verlag.
Der Band enthält einige Vorschläge für Aktivitäten im Grammatikunterricht, die die Lerner aktiv einbeziehen. Die meisten Vorschläge sind auf den Deutschunterricht übertragbar.

GÖBEL, Richard (1979): *Lernen mit Spielen. Lernspiele für den Unterricht mit ausländischen Arbeitern.* Frankfurt: Pädagogische Arbeitsstelle des DVV.
Sehr nützliche Sammlung von Spielen auch zur Grammatik. Im Anhang gute Begründung für Spielansätze.

GROSS, Harro/ FISCHER, Klaus (Hrsg.) (1990): *Grammatikarbeit im Deutsch-als-Fremdsprache-Unterricht.* München: Iudicium Verlag.

In den meisten Aufsätzen geht es um Deutschunterricht mit Fortgeschrittenen an den Universitäten. Aus dem Aufsatz von Reiner Schmidt haben wir zitiert.

HELBIG, Gerhard (1973): *Geschichte der neueren Sprachwissenschaft. Unter dem besonderen Aspekt der Grammatik-Theorie.* München: Max-Hueber-Verlag.

Übersichtliche Zusammenfassung linguistischer Grundlagen des Grammatikunterrichts.

HELBIG, Gerhard (1981): *Sprachwissenschaft - Konfrontation - Fremdsprachenunterricht.* Leipzig: Verlag Enzyklopädie.

Definitionen und Überlegungen zum Verhältnis von Linguistik und Sprachunterricht.

HUTCHINSON, Tom (1987): *Using Grammar Books in the Classroom.* Oxford: Oxford University Press.

Praktische und unkomplizierte Übungsbeispiele zur Arbeit mit Nachschlagewerken. Gute Tips für Lehrer.

KELLE, Antje (1981): *Grammatik für die 5./6. Klasse.* Mentor Lernhilfe Band 15. München: Mentor-Verlag.

Enthält Ansätze und Ideen zu einer Selbstlerngrammatik.

KRUMM, Hans-Jürgen (1988): *Grammatik im kommunikativen Deutschunterricht. Konsequenzen für eine didaktische Grammatik und für das Lehrverhalten* in: Dahl / Weis (Hrsg.): *Grammatik im Unterricht,* Seite 5 - 44.

Der Aufsatz enthält eine grundlegende Positionsbestimmung der Grammatikarbeit im Unterricht und nimmt zu einigen Video-Dokumentationen des Goethe-Instituts zum Grammatikunterricht Stellung.

LOHFERT, Walter (1983): *Kommunikative Spiele für Deutsch als Fremdsprache.* München: Max-Hueber-Verlag.

Gute Kopiervorlagen für Partnerarbeit. Viele Spiele zur Grammatik (nicht alle davon sind neu). Die Beschreibungen sind gut nachvollziehbar.

MEESE, Herrad (1984): *Systematische Grammatikvermittlung und Spracharbeit im Deutschunterricht für ausländische Jugendliche.* München: Langenscheidt-Verlag.

Hier finden Sie viele nützliche Unterrichtsvorschläge zu einzelnen Grammatikregeln sowie kontrastive Hinweise auf Lernschwierigkeiten vor allem von türkischen Jugendlichen.

NEUNER, Gerhard u. a. (1981): *Übungstypologie zum kommunikativen Deutschunterricht.* München: Langenscheidt-Verlag.

Enthält viele Übungsbeispiele, u.a. auch zu Grammatikübungen.

RAMPILLON, Ute (1985): *Lerntechniken im Fremdsprachenunterricht.* München: Max-Hueber-Verlag.

RINVOLUCRI, Mario (1984): *Grammar Games.* Cambridge: Cambridge University Press.

Die systematisch präsentierten Spielvorschläge für den englischen Unterricht können oft mit wenig Mühe für den DaF-Unterricht adaptiert werden. In dem Baustein zum Thema "Spiele" finden Sie einige Ideen aus diesem Buch.

SCHMIDT, Reiner (1990): *Das Konzept einer Lerner-Grammatik,* in: GROSS / FISCHER (Hrsg.): *Grammatikarbeit im Deutsch-als-Fremdsprache-Unterricht,* Seite 153-162.
Der Aufsatz ist ein Beitrag zur Begriffsbestimmung einer pädagogischen Grammatikarbeit.

SPERBER, Horst G. (1989): *Mnemotechniken im Fremdsprachenerwerb mit Schwerpunkt Deutsch als Fremdsprache.* München: Iudicium Verlag

WEGENER, Heide / KRUMM, Hans-Jürgen (1982): *Spiele - Sprachspiele- Sprachlernspiele. Thesen zur Funktion des Spielens im Deutschunterricht für Ausländer,* in: *Jahrbuch Deutsch als Fremdsprache,* Bd. 8, Seite 189-203.
Hier finden Sie Hinweise auf Form und Stellenwert und Einteilungskategorien von Lernspielen im Sprachunterricht.

ZIMMERMANN, Günther (1990): *Grammatik im Fremdsprachenunterricht der Erwachsenenbildung.* München: Max-Hueber-Verlag.
Eine interessante Darstellung einer Untersuchung über den Stellenwert der Grammatik im Unterricht mit Erwachsenen an deutschen Volkshochschulen.

ZIMMERMANN, Günther / WISSNER-KURZAWA, Elke (1985): *Grammatik lehren - lernen - selbstlernen.* München: Max-Hueber-Verlag.
Die Beispiele beziehen sich zwar auf den Französischunterricht, gerade aber zum Selbstlernen von Grammatik bietet das Buch viele Anregungen. In dem Baustein zum Thema "Grammatik selbst lernen" finden Sie einige Vorschläge aus diesem Buch.

2. Nachschlagewerke

Schüler-Duden. Grammatik. (1981[2]) Mannheim: Duden Verlag.
Nicht für den Fremdsprachenunterricht geschrieben. Nützliche Übersichten auch für Fremdsprachenlerner.

BALDEGGER, Markus u. a. (1980): *Kontaktschwelle Deutsch als Fremdsprache.* Hrsg. vom Europarat - Rat für kulturelle Zusammenarbeit. Straßburg. München: Langenscheidt-Verlag (1981).
In diesem Werk finden Sie unter anderem eine übersichtliche Sammlung von möglichen Sprechabsichten erwachsener Fremdsprachenlerner und dazugehörigen Realisierungen auf deutsch. Ähnliche Europaratslisten existieren für das Italienische, das Französische, das Spanische und das Englische.

DUDEN, Band 4, *Grammatik der deutschen Gegenwartssprache.* (1984[4]). Hrsg. v. Günther Drosdowski u. a.. Mannheim: Duden Verlag.
Bekanntestes Nachschlagewerk zur Sprachnorm. Auf dem Umschlag steht über die Grammatik: *Sie stellt alle sprachlichen Erscheinungen wissenschaftlich exakt und übersichtlich dar.* Das heißt auch: Sie ist nur für sehr fortgeschrittene Lerner geeignet.

ENGEL, Ulrich (1988): *Deutsche Grammatik.* Heidelberg: Julius Groos Verlag.
Umfassende sprachwissenschaftliche Darstellung der deutschen Grammatik auf der Text-, Satz- und Wortebene. Im übrigen gilt, was auch zur *DUDEN-Grammatik* gesagt wurde.

EPPERT, Franz (1988): *Grammatik lernen und verstehen. Ein Grundkurs für Lerner der deutschen Sprache.* Stuttgart: Ernst Klett Verlag.

Umfangreiche Beispiellisten, Lernhinweise, einfach formulierte Regeln und Bedeutungshinweise sind der Vorteil dieser Lernergrammatik. Die relativ umfangreichen Beispielsammlungen, besonders bei den Verben, erleichtern den Lernern den Zugang aber nicht.

GRIESBACH, Heinz (1981): *Regeln aus der deutschen Grammatik.* München: Verlag für Deutsch.

DERS. (1983): *Test- und Übungsbuch zur deutschen Grammatik.* München: Verlag für Deutsch.

Die Übungen im Übungsbuch (mit Lösungsschlüssel) beziehen sich direkt auf die einzelnen Kapitel der Kurzgrammatik. Daher ist das Material als Selbstlernmaterial geeignet. Nachteil: Die Beispielsätze sind sprachlich sehr komplex und thematisch völlig ungeordnet.

DERS. (1986): *Neue deutsche Grammatik.* München: Langenscheidt Verlag.

Bleibt in der Terminologie der lateinischen Schulgrammatik. Präzisiert das traditionelle Subjekt / Prädikat / Objekt - Modell durch "Stellplatzangaben", die allerdings Lernern nur mit viel Aufwand zu vermitteln wären.

HELBIG, Gerhard / BUSCHA, Joachim (1980[6]): *Deutsche Grammatik. Ein Handbuch für den Ausländerunterricht.* Leipzig: Verlag Enzyklopädie und (1991[13]) : Verlag Enzyklopädie, Langenscheidt.

Ein weit verbreitetes Nachschlagewerk, das auch Hinweise zur Bedeutung von Strukturen und sehr ausführliche Informationen zu den deutschen Verben enthält. Auch die Kurzform dieser Grammatik ist nur sehr bedingt als Nachschlagewerk für Lerner geeignet.

KARS, Jürgen / HÄUSSERMANN, Ulrich (1988): *Grundgrammatik Deutsch.* Frankfurt am Main: Moritz-Diesterweg-Verlag.

Eine übersichtliche und visuell lernerfreundlich gestaltete Grammatik, die man auch Lernern der Grundstufe empfehlen kann. Das inhaltliche Verstehen der Beispiele verlangt oft viel mitteleuropäische Kulturkompetenz.

LUSCHER, Renate (1975): *Deutsch 2000. Grammatik der modernen deutschen Umgangssprache.* München: Max-Hueber-Verlag.

NIEDER, Lorenz (1987): *Lernergrammatik für Deutsch als Fremdsprache.* München: Max-Hueber-Verlag.

Ihr Vorteil liegt in einer klaren Regeldarstellung und guten Belegbeispielen, die allerdings weniger aus der Umgangssprache als aus der Literatur stammen. Neue Begriffe - Stativ für Zustandspassiv - erleichtern das Lernen nicht. Grundstufenlerner haben mit dem Werk sicher Probleme.

RALL, Marlene u.a. (1977): *Dependenz-Verb-Grammatik für Deutsch als Fremdsprache.* Heidelberg: Julius-Groos-Verlag.

Ein grundlegendes Werk zur DaF-Grammatik. Eine kurze Zusammenfassung zur Verb-Dependenz-Grammatik enthält auch das Einleitungskapitel von Meese (1984).

3. Lehrwerke Deutsch als Fremdsprache

Im Text haben wir Beispiele aus den folgenden Lehrwerken verwendet. Bitte sehen Sie diese Liste nicht als eine Empfehlung für Ihren Unterricht an. Die Auswahl ist nicht systematisch oder repräsentativ. Wenn Sie Gelegenheit haben, dann schauen Sie sich die Lehrwerke einmal genauer an.

AUFDERSTRASSE, Hartmut u.a. (1983): *Themen - Lehrwerk für Deutsch als Fremdsprache*. München: Max-Hueber-Verlag.

BALTZER, Ralf A. / STRAUSS, Dieter (1989): *Alles Gute! Ein deutscher Fernseh-sprachkurs*. München: Langenscheidt-Verlag.

BRAUN, Korbinian / NIEDER, Lorenz / SCHMÖE, Friedrich (1967): *Deutsch als Fremdsprache*. Stuttgart: Klett Verlag.

EICHHEIM, Hubert u.a. (1981): *Mir fällt auf ...* München: Langenscheidt-Verlag.

GRIESBACH, Heinz / SCHULZ, Dora (1976, zuerst: 1955): *Deutsche Sprachlehre für Ausländer*. München: Max-Hueber-Verlag.

HÄUSSERMANN, Ulrich u. a. (1978): *Sprachkurs Deutsch. Unterrichtswerk für Erwachsene*. Frankfurt am Main: Moritz-Diesterweg-Verlag.

DERS. u. a. (1989): *Sprachkurs Deutsch - Neufassung*. Frankfurt am Main: Moritz-Diesterweg-Verlag.

MEBUS, Gudula u. a. (1988): *Sprachbrücke. Lehrwerk für Deutsch als Fremdsprache*. München: Klett Edition Deutsch.

MÜLLER, Peter u. a. (1982): *Sprechen und Sprache*. Florenz: Sansoni Editore.

NEUNER, Gerd u.a. (1979): *Deutsch aktiv. Ein Lehrwerk für Erwachsene*. München: Langenscheidt-Verlag.

DERS. u.a. (1986): *Deutsch aktiv Neu*. München: Langenscheidt-Verlag.

DERS. u. a. (1983): *Deutsch konkret - ein Lehrwerk für Jugendliche*. München: Langenscheidt-Verlag.

PEKSIRIN, Hilmi u.a. (1983): *Wir lernen Deutsch*. Istanbul: Milli Egitim Basimevi.

SCHÄPERS, Roland u. a. (1972): *Deutsch 2000 - eine Einführung in die moderne Umgangssprache*. München: Max-Hueber-Verlag.

SCHERLING, Theo u.a. (1982): *Deutsch hier*. München: Langenscheidt-Verlag.

7   Lösungsschlüssel

Vorbemerkung

Eine Reihe von Aufgaben in dieser Studieneinheit sind sehr persönlich formuliert, etwa Fragen nach Ihrer eigenen Unterrichtserfahrung. In diesem Fall und immer dort, wo sehr viele unterschiedliche Antworten möglich sind, haben wir ganz auf eine Musterlösung verzichtet. *Unsere* Antworten zu den gestellten Aufgaben finden Sie in diesem Kapitel. Das heißt aber nicht, daß es nicht auch andere Antworten geben kann.

Aufgabe 1

A/4, B/1, C/5, D/3, E/2, F/1

Aufgabe 2

Als Kategorien werden *Texte* und *Sprachstoff* genannt. In der Spalte *Sprachstoff* werden die meisten Angaben gemacht. Diese Spalte ist grau unterlegt. Damit wird ihre Bedeutung hervorgehoben. Das Inhaltsverzeichnis ist übersichtlich und informativ. Über den wirklichen Inhalt eines Kapitels informiert es aber nicht in jedem Fall. Beispiel: *Haben Sie genug Geld?* - hier kann man nicht genau sagen, welche Texte, Themen und Situationen hier aufgegriffen wurden. Bei der Angabe "Im Klassenzimmer" kann man sich die Situation schon genauer vorstellen.

Aufgabe 3

Beispiel 2: 3.
Beispiel 3: 1.
Beispiel 4: 2.

Aufgabe 5

1) Die Autoren nennen als Lernziele die erste und zweite Person des Personalpronomens im Akkusativ sowie die Modalverben *dürfen* und *können*.

2) Als Ausgangstext dient ein Dialog zwischen Ahmet, Hüseyin und Turgut.

3) Auch die anderen Modalverben werden verwendet. Ihre Abgrenzung wird geübt.

4) Drei türkische Jugendliche verabreden sich hier vor einem türkischen Kino in deutscher Sprache.

5) Regeln werden nicht erklärt oder tabellarisch dargestellt. Es gibt keine optische Markierung von grammatischen Strukturen.

6) Zu jedem der vier Personalpronomen (1. u. 2. Pers. Sing. u. Plur.) gibt es je eine Übung.

7) Hier muß nicht konjugiert werden. Vorausgesetzt wird die Kenntnis der inhaltlichen Bedeutung der Modalverben.

8) Übung 1: Verwendung der Personalpronomen *ich/wir* und *dich/euch*;
Übung 2: Einsetzen des Personalpronomens im Akkusativ *(uns)*;
Übung 3: Einsetzen des Fragepronomens *wen* und des Personalpronomens *mich*;
Übung 4: Personalpronomen im Akkusativ *(dich)* und Verneinung;
Übung 5: Einsetzen von *es gibt(!)*, Bewußtmachung von "Nullartikel" und *kein*;
Übung 6: Modalverb *dürfen*;
Übung 7: Einsetzen der richtigen Verben (nicht nur Modalverben). Die Schüler müssen bei allen Übungen nur die vorgegebenen Wörter einsetzen.

9) Der Lehrer hat in diesem Unterricht eine sehr aktive Rolle. Er ruft die Schüler auf und korrigiert. Er soll außerdem viele zusätzliche Übungssätze vorgeben.

10) In diesem Unterricht dominiert der Lehrer. Er muß mehr arbeiten als die Schüler. Die Schüler müssen immer nur auf Übungsimpulse reagieren. Da sie diese Arbeitsweise schon aus den anderen Lehrwerkkapiteln kennen, geht das sicher sehr schnell. Dialogarbeit und Einsetzübungen bestimmen den Unterricht vollständig.

Andere Übungsformen oder Unterrichtsphasen sind hier nicht zu erkennen.

Aufgabe 7

1) Es geht um das Perfekt und um die Nebensätze.

2) Der Text ist ein Bericht in der 1. Person, eine Erzählung über eine Verkehrskontrolle sowie über einen Unfall und einen Autodiebstahl. Wer hier wem aus welchem Grund etwas erzählt, wird nicht gesagt. Der Text enthält eine Fülle von Nebensatzbeispielen.

3) siehe oben

4) Erzählung über eine Verkehrskontrolle mit Dialogteilen

5) Regelformulierungen sind im Buch grau unterlegt.

6) Speziell zu den *daß*-Sätzen gibt es zwei Übungen. Zuerst müssen die Lerner nach der vorgegebenen Regel Nebensätze bilden (Ü 6), dann müssen sie zwei Hauptsätze zu einem Haupt- und einem Nebensatz umformen (Ü 7).

7) Beherrschung der Stellung von Satzteilen im Haupt- und Nebensatz. Bei der Umwandlung von Haupt- in Nebensätze müssen die Schüler das nicht vorgegebene *es* verwenden (Übung 7). Die Übungsbeispiele enthalten auch trennbare Verben und Perfektformen.

8) Die Lerner müssen vorgegebene Sätze umformen. Es gibt jeweils nur eine richtige Lösung. Die Übungstypen der Übungen 6 und 7 sind in ihrer starken Steuerung ähnlich.

9) Er ruft die Lerner auf und korrigiert eventuell die Antworten.

10) Die Lerner müssen jeweils einen korrekten Satz sagen. Der Lehrer gibt Erklärungen und korrigiert.

Unterrichtsphasen: Einführung der Grammatik in einem Text / Bewußtmachen der Regel / dann zwei Übungen.

Aufgabe 10

7) Die fünf Übungen zu den Nebensätzen mit *daß*, *ob* oder Fragepronomen fordern unterschiedliche Vorkenntnisse. Mehrheitlich wird die Regelanwendung durch das Vorgeben von Satzmustern und Beispielen erleichtert, jedoch nicht bei trennbaren Verben und Modalverben.

8) Bei einigen Übungen (1, 2, 4) müssen Haupt- in Nebensätze umgewandelt werden. In den anderen Übungen wiederholen die Lerner immer wieder gleiche Satzstrukturen. Sie füllen Lücken aus und ersetzen Satzteile. Erschwert werden einige Übungsteile durch die Umwandlung von trennbaren Verben und Modalverben, für die es keine vorgegebenen Beispiele gibt. Die Übungen sind als mündliche Übungen gedacht, werden aber sicher von den Lernern auch schriftlich ausgeführt.

9) Der Lehrer muß keine grammatischen Erklärungen und zusätzliche Übungsbeispiele geben. Er kann sich auf die Korrektur konzentrieren.

10) Die Arbeit mit den Dialogen nimmt zunächst viel Raum ein. Es folgen die Einsetz- und Satzergänzungsübungen, die kurz und gut vorbereitet sind. Sie werden wahrscheinlich ohne zusätzliche Regelerklärung durchführbar sein.

Aufgabe 12

Lernziele sind der Nebensatz mit *daß* und die indirekte Rede. Der Text ist eine schriftliche Zusammenfassung eines Interviews auf der Toncassette. Die Haupt- und Nebensätze werden tabellarisch angeordnet. Verben sind mit Ovalen gekennzeichnet, Ergänzungen mit Rechtecken. Eine Zeichnung illustriert einen Anwendungsbereich des Nebensatzes, die Übersetzung. Die Veränderungen zwischen direkter und indirekter Rede werden mit einem Pfeil gekennzeichnet. Drei Übungen zu den Nebensätzen sind in dieser Studieneinheit enthalten (drei weitere ähnliche Übungen dazu wurden hier nicht mehr abgedruckt). Der Nebensatz muß nach einem vorgegebenen Muster gebildet werden. Die Lerner verwenden die Struktur des Nebensatzes, sie können in den Übungen 16 und 17 aber gleichzeitig ihre eigenen Meinung ausdrücken.

Aufgabe 13

Es gibt sehr viele Möglichketien, diese I n t e n t i o n mitzuteilen. Hier einige Beispiele:
Entschuldigung, ich hätte gern Ihre Zeitschrift, sind Sie damit durch?
Könnten Sie mir mal die Zeitschrift reichen?
Ist das der neue Stern? Darf ich mal sehen?
Kann ich mal den Stern haben?
Sind sie fertig? Kann ich sie haben?
Darf ich mal?
...

Aufgabe 14.1

Zweifellos enthält die *Deutsche Sprachlehre für Ausländer* (Schulz/Griesbach) die längste Grammatikliste. Der Grund dafür liegt in der Tatsache, daß es in diesem Lehrwerk eigentlich nur um die Grammatik geht. Das heißt: Die Lerner sollen nur den Gebrauch der deutschen Grammatik üben. Alle anderen Ziele des Sprachunterrichts sind diesem Ziel untergeordnet.

Aufgabe 14.2

Der Begriff der "Ergänzung" wird bei Schulz/Griesbach nicht verwendet. Die meisten grammatischen Stichwörter beziehen sich auf die Wortebene.
Der *Sprachkurs Deutsch* verwendet den Begriff "Prädikat". In diesem Lehrwerk und in *Themen* werden "Verben" mit dazugehörigen "Ergänzungen" aufgeführt. Der Begriff "Ergänzung" wird allerdings im Inhaltsverzeichnis des *Sprachkurses* nicht gebraucht. Hier finden wir aber die Bezeichnung "Partikel" ("Temporalpartikel" und "Lokalpartikel"), die in den anderen beiden Lehrwerken nicht verwendet wird. Die Einträge im Inhaltsverzeichnis von *Themen* beziehen sich besonders oft auf die Satzebene. Im *Sprachkurs Deutsch* wird die Adjektivdeklination früh und ausführlich thematisiert.

Aufgabe 14.3

a) Schulz/Griesbach: Präsens / Präteritum / Perfekt / Plusquamperfekt
   Sprachkurs Deutsch: Präsens / Perfekt
   Themen: Präsens / Perfekt
b) Nominativ / Akkusativ / Dativ

Bei Schulz/Griesbach wird auch der Genitiv im ersten Band eingeführt. Die anderen beiden Lehrwerke verzichten auf ihn.

Aufgabe 15

Schulz/Griesbach enthält eindeutig die "steilste" Progression. Insgesamt überwiegen aber die Gemeinsamkeiten.

Aufgabe 16

Das erste Symbol (von links nach rechts) steht für die Präposition *zu* bzw. *nach*, das zweite Symbol steht für *bei*, das dritte Symbol steht für *mit*, das vierte Symbol steht für *gegenüber*.

Aufgabe 17

In dem kurzen Beispiel werden fast alle konventionellen drucktechnischen Möglichkeiten der Hervorhebung und Gliederung genutzt, z. B. der *Kursivdruck*, der **Halbfettdruck**, die GROSSBUCHSTABEN, das Tabellieren von Veränderungen auf der Wortebene, das Einrahmen bzw. das S p e r r e n von einzelnen besonders wichtigen Wörtern und Merksätzen.

Aufgabe 18

Deutsch aktiv verwendet für Verben Ovale und für Ergänzungen Rechtecke. Im *Sprachkurs Deutsch* werden Verben und Ergänzungen mit Ovalen unterschiedlicher Größe markiert. In beiden Darstellungen wird die Funktion des Verbs graphisch besonders hervorgehoben, in *Deutsch aktiv* sogar farblich.

Aufgabe 19

Eine mögliche Lösung:

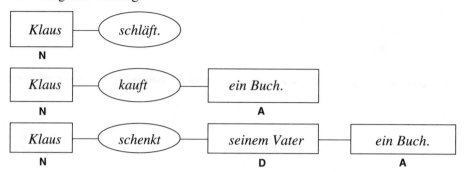

Aufgabe 20

Hier wird der Satzrahmen (Modalverb + Infinitiv) dargestellt.

Aufgabe 21

Grammatikregeln sollten nicht nur kognitiv, analytisch gelernt werden, sondern mit ganz konkreten Situationen oder Bildern in Verbindung gebracht werden.

Aufgabe 24

Der Lehrer muß hier viel reden. Es kommen immer nur einzelne Schüler zu Wort. Die meisten Kursteilnehmer sind nicht aktiv am Unterricht beteiligt.

Aufgabe 26

Eigentlich alle diejenigen Themen, die eine Ergänzung in die eine oder andere Richtung erfahren können: z.B. **Komparation der Adjektive**, vor allem die **unregelmäßigen Formen** (*gut - besser - am besten*), **Gegensätze bei Adjektiven**, die man ergänzen muß (*stark - schwach*), **Komposita**, bei denen der eine oder der andere Teil fehlt (*Haus... - ...Dach*), **Verben und semantisch dazu passende Nomen** (*schreiben - Brief*) usw.

Aufgabe 33

Diese Begriffe und Abkürzungen werden verwendet und können zu Problemen führen.
1. Adjektivdeklination
2. Singular
3. maskulin
4. neutral
5. feminin
6. Nom.
7. Akk.
8. Dat.
9. Gen.
10. Plural
11. m.
12. n.
13. f.
14. bestimmter Artikel
15. unbestimmter Artikel
16. Possessivpronomen
17. Konsonant
18. Fälle

Aufgabe 35 a

11.1 Der Text der **zusammenfassenden Übung** enthält folgende **Wortarten**:

Text:	Wortart:
Die	bestimmter Artikel
Ameisen	Substantiv
In	Präposition
Hamburg	Substantiv (Eigenname)
lebten	Verb
zwei	Numerale
Ameisen,	Substantiv
die	Relativpronomen
wollten	Hilfsverb
nach	Präposition
Australien	Substantiv (Eigenname)
reisen.	Verb
Bei	Präposition
Altona	Substantiv (Eigenname)
auf	Präposition
der	bestimmter Artikel
Chaussee	Substantiv
da	Adverb
taten	Verb (zusammen mit Wortteil *weh*)
ihnen	Personalpronomen
die	bestimmter Artikel
Beine	Substantiv
weh,	Verb (zusammen mit Wortteil *taten*)
und	Konjunktion
da	Adverb
verzichteten	Verb
sie	Personalpronomen
weise	Adjektiv (als Adverb verwendet vgl. S. 41, 131)
dann	Adverb
auf	Präposition
den	bestimmter Artikel
letzten	Adjektiv (oder auch Numerale)
Teil	Substantiv
der	bestimmter Artikel
Reise.	Substantiv

Kelle (1981), 177

Aufgabe 35 b

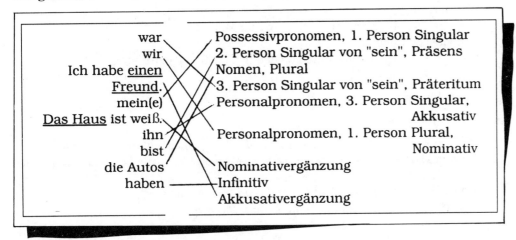

(eigenes Material)

Aufgabe 38

A = Griesbach: *Neue deutsche Grammatik*

erster Eindruck:
Im Register nur durch langes Suchen gefunden. Unter *daß* kein Eintrag.

- Klarheit der Gliederung:
Unübersichtlich. Zwar viele Symbole, Ziffern und Buchstaben, aber ohne Einweisung nicht zu verstehen. Anscheinend werden alle nur möglichen Verwendungsarten von *daß* aufgezählt.
- Sprache:
Viele Spezialbegriffe. Ohne Erklärung nicht verständlich.
- Übersichtlichkeit:
Trotz Verwendung unterschiedlicher Mittel (Pfeile, Ziffern, Drucktypen etc.) wirkt alles sehr kompakt und voll.

B = *Duden-Grammatik*

erster Eindruck:
schon im Register viel linguistische Terminologie. Verwirrende Vielfalt.

- Klarheit der Gliederung:
gut gegliedert, aber viele Unterpunkte.
- Sprache:
viel Text. Sehr schwere, wissenschaftliche Sprache.
- Übersichtlichkeit:
verschiedene Drucktypen, aber alles sehr gedrängt. Keine Farben oder Signale.

C = Kars/Häussermann: *Grundgrammatik Deutsch*

erster Eindruck:
- begrenzte Anzahl der Einträge zum Problem. Nur zwei Möglichkeiten zum Nachschlagen.
- Klarheit der Gliederung:
  starke Gliederung durch Schrifttypen, Fettdruck und Platz.
- Sprache:
  Einfach und verständlich.
- Übersichtlichkeit:
  Klare Trennung von Regeln und Beispielen. Sinnvolle Verwendung von Farben, Druckmöglichkeiten und Signalen (Pfeile).

D = Luscher: *Deutsch 2000-Grammatik der modernen deutschen Umgangssprache*

erster Eindruck:
- im Register ein Haupteintrag. Schnelles Auffinden des Problems.
- Klarheit der Gliederung:
  Gut gegliedert, viel Platz, Nummern, Fettdruck, Rahmen um jedes Problem.
- Sprache:
  einfach, allerdings **keine Regeln**, nur Beispiele.
- Übersichtlichkeit:
  Relativ übersichtlich durch eindeutige Trennung der Einträge.

Aufgabe 39

Mögliche Beispiele:

1. Welche Konjunktion gebraucht man in der Vergangenheit: *Als* oder *wenn?*
2. Warum kann man sagen: *Immer wenn er Kuchen aß, wurde ihm schlecht.* Das ist doch Vergangenheit!
3. Könnt ihr diese beiden Sätze mit *während* verbinden?
4. *Der Mann liest die Zeitung. Seine Frau sieht fern.*
etc.

8   Quellenangaben

AUFDERSTRASSE, Hartmut u.a. (1983): *Themen 1*, Lehrwerk für Deutsch als Fremdsprache. München: Max-Hueber-Verlag. S.5-6.

AUFDERSTRASSE, Hartmut u.a. (1983): *Themen 1*. München: Max-Hueber-Verlag. S.96.

AUFDERSTRASSE, Hartmut u.a. (1983): *Themen 1*. München: Max-Hueber-Verlag. S.136.

BALTZER, Ralf u.a. (1989): *Alles Gute!*, ein deutscher Fernsehsprachkurs. München: Langenscheidt Verlag. S.46.

BRAUN, Korbinian u.a. (1967): *Deutsch als Fremdsprache I*, Grundkurs.Stuttgart: Ernst Klett Verlag. S.92-93.

BRAUN, Korbinian u.a. (1967): *Deutsch als Fremdsprache I*, Grundkurs.Stuttgart: Ernst Klett Verlag. S.94

DAHL, Johannes/WEIS, Brigitte (1988): *Handbuch Grammatik im Unterricht*. München: Goethe-Institut. S.444.

DAHL, Johannes/WEIS, Brigitte (1988): *Handbuch Grammatik im Unterricht*. München: Goethe-Institut. Videomitschnitt Nr.17.

DAHL, Johannes/WEIS, Brigitte (1988): *Handbuch Grammatik im Unterricht*. München: Goethe-Institut. S.446-51 (Auswahl).

DAHL, Johannes/WEIS, Brigitte (1988): *Handbuch Grammatik im Unterricht*. München: Goethe-Institut. Videomitschnitt Nr.26.

DAHL, Johannes/WEIS, Brigitte (1988): *Handbuch Grammatik im Unterricht*. München: Goethe-Institut. S.524.

DAHL, Johannes/WEIS, Brigitte (1988): *Handbuch Grammatik im Unterricht*. München: Goethe-Institut. Videomitschnitt Nr.41.

DROSDOWSKI, Günter (1984): *DUDEN, Band 4, Grammatik der deutschen Gegenwartssprache*. Mannheim: Duden-verlag. S.782, 380 und 678.

EICHHEIM, Hubert u.a. (1981): *Mir fällt auf...* München: Langenscheidt Verlag. Dia Nr.35 und 36.

FRANK, Christine/RINVOLUCRI, Mario (1983): *Grammar in Action*. München: Max-Hueber-Verlag. S.57.

GEO-Sondernummer *Kommunikation* Nr.2/89. S.215.

GRIESBACH, Heinz (1981): *Regeln aus der deutschen Grammatik*. München: Verlag für Deutsch. S.46.

GRIESBACH, Heinz (1986): *Neue deutsche Grammatik*. München: Langenscheidt Verlag. S.422 und 232.

GRIESBACH, Heinz/SCHULZ, Dora (1955): *Deutsche Sprachlehre für Ausländer*. München: Max-Hueber-Verlag. S.116.

GRIESBACH, Heinz/SCHULZ, Dora (1955): *Deutsche Sprachlehre für Ausländer*. München: Max-Hueber-Verlag. S.29.

GRIESBACH, Heinz/SCHULZ, Dora (1955): *Deutsche Sprachlehre für Ausländer*. München: Max-Hueber-Verlag. S.77/78.

GRIESBACH, Heinz/SCHULZ, Dora (1976): *Deutsche Sprachlehre für Ausländer*, Grundstufe, 1.Teil. München: Max-Hueber-Verlag. S.9.

GRIESBACH, Heinz/SCHULZ, Dora (1976): *Deutsche Sprachlehre für Ausländer*, Grundstufe, 1.Teil. München: Max-Hueber-Verlag. S.149-150.

GRIESBACH, Heinz/SCHULZ, Dora (1976): *Deutsche Sprachlehre für Ausländer*, Grundstufe, 1.Teil. München: Max-Hueber-Verlag. S.145.

GRIESBACH, Heinz/SCHULZ, Dora (1976): *Deutsche Sprachlehre für Ausländer*, Grundstufe, 1.Teil. München: Max-Hueber-Verlag. S.151-152.

GRIESBACH, Heinz/SCHULZ, Dora (1976): *Deutsche Sprachlehre für Ausländer*, Grundstufe, 1.Teil. München: Max-Hueber-Verlag. S.9-11.

GRIESBACH, Heinz/SCHULZ, Dora (1976): *Deutsche Sprachlehre für Ausländer*. Grundstufe, 1.Teil. München: Max-Hueber-Verlag. S.62-63.

HÄUSSERMANN, Ulrich u.a. (1978): *Sprachkurs Deutsch 1*. Frankfurt am Main: Verlag-Moritz-Diesterweg. S.V.

HÄUSSERMANN, Ulrich u.a. (1978): *Sprachkurs Deutsch 1*. Frankfurt am Main: Verlag-Moritz-Diesterweg. S.V-VI.

HÄUSSERMANN, Ulrich u.a. (1989): *Sprachkurs Deutsch*, Neufassung, Teil 1. Frankfurt am Main: Verlag-Moritz-Diesterweg. S.248.

HELBIG, Gerhard/BUSCHA, Joachim (1972): *Deutsche Grammatik*. Ein Handbuch für den Ausländerunterricht. Leipzig: Verlag Enzyklopädie. S.13.

HELBIG, Gerhard/BUSCHA, Joachim (1972): *Deutsche Grammatik*. Ein Handbuch für den Ausländerunterricht. Leipzig: Verlag Enzyklopädie. S.626.

HELBIG, Gerhard/BUSCHA, Joachim (1972): *Deutsche Grammatik*. Ein Handbuch für den Ausländerunterricht. Leipzig: Verlag Enzyklopädie. S.623.

HELBIG, Gerhard/BUSCHA, Joachim (1972): *Deutsche Grammatik*. Ein Handbuch für den Ausländerunterricht. Leipzig: Verlag Enzyklopädie. S.619.

HELBIG, Gerhard/BUSCHA, Joachim (1972): *Deutsche Grammatik*. Ein Handbuch für den Ausländerunterricht. Leipzig: Verlag Enzyklopädie. S.622.

JENKINS, Eva-Maria (1989): *Sprachbrücke 1, Wortschatz kontrastiv Deutsch-Englisch*. München: Klett Edititon Deutsch. S.22.

KARS, Jürgen/HÄUSSERMANN, Ulrich (1988): *Grundgrammatik Deutsch*. Frankfurt am Main: Verlag-Moritz-Diesterweg. S.193.

KARS, Jürgen/HÄUSSERMANN, Ulrich (1988): *Grundgrammatik Deutsch*. Frankfurt am Main: Verlag-Moritz-Diesterweg. S.282 und 152.

KARS, Jürgen/HÄUSSERMANN, Ulrich (1988): *Grundgrammatik Deutsch*. Frankfurt am Main: Verlag-Moritz-Diesterweg. S. 135.

KARS, Jürgen/HÄUSSERMANN, Ulrich (1988): *Grundgrammatik Deutsch*. Frankfurt am Main: Verlag-Moritz-Diesterweg. S.149.

KELLE, Antje (1981): *Bausteine und Spielregeln unserer Sprache*. Grammatik für die 5./6. Klasse. Mentor Lernhilfe Band 15. München: Mentor Verlag. S.50-52. © Ringelnatz, Joachim: *Die Ameisen*, Berlin: Henssel-Verlag.

KELLE, Antje (1981): *Bausteine und Spielregeln unserer Sprache*. Grammatik für die 5./6. Klasse. Mentor Lernhilfe Band 15. München: Mentor Verlag. S.177.

KRUMM, Hans-Jürgen (1988): *Grammatik im kommunikativen Deutschunterricht*. in: DAHL,Johannes/WEIS,Brigitte (Hsg.) (1988): *Grammatik im Unterricht*. München: Goethe-Institut. S.22.

KRUMM, Hans-Jürgen (1988): *Grammatik im kommunikativen Deutschunterricht*. in: DAHL,Johannes/WEIS,Brigitte (Hsg.) (1988): *Grammatik im Unterricht*. München: Goethe-Institut. S.38.

LUSCHER, Renate (1975): *Deutsch 2000, Grammatik der modernen deutschen Umgangssprache*. München: Max-Hueber-Verlag. S.182 und 167.

MÜLLER, Peter u.a. (1982): *Sprechen und Sprache 1*. Florenz: Sansoni Editore. S.88.

NEUNER, Gerd u.a. (1979): *Deutsch aktiv*, Lehrbuch 1. München: Langenscheidt Verlag. S.89.

NEUNER, Gerd u.a. (1979): *Deutsch aktiv*, Lehrbuch 1. München: Langenscheidt Verlag. S.124.

NEUNER, Gerhard u.a. (1981): *Übungstypologie zum kommunikativen Deutschunterricht*. München: Langenscheidt Verlag. S.11.

NEUNER, Gerhard u.a. (1981): *Übungstypologie zum kommunikativen Deutschunterricht*. München: Langenscheidt Verlag. S.12.

NEUNER, Gerd u.a. (1983): *Deutsch konkret*, Folien 1. München: Langenscheidt Verlag. Folie 25.

NEUNER, Gerd u.a. (1983): *Deutsch konkret*, Lehrbuch 1. München: Langenscheidt Verlag. S.82.

NEUNER, Gerd u.a. (1984): *Deutsch konkret*, Lehrbuch 2. München: Langenscheidt Verlag. S.10.

NEUNER, Gerd u.a. (1984): *Deutsch konkret*, Lehrbuch 2. München: Langenscheidt Verlag. S.13.

NEUNER, Gerd u.a. (1984): *Deutsch konkret*, Lehrbuch 2. München: Langenscheidt Verlag. S.14.

NEUNER, Gerd u.a. (1985): *Deutsch konkret*, Lehrbuch 3. München: Langenscheidt Verlag. S.27.

NEUNER, Gerd u.a. (1985): *Deutsch konkret*, Lehrbuch 3. München: Langenscheidt Verlag. S.79.

NEUNER, Gerd u.a. (1986): *Deutsch aktiv Neu*, Lehrbuch 1 A. München: Langenscheidt Verlag. S.3.

NEUNER, Gerd u.a. (1986): *Deutsch aktiv Neu*, ein Lehrwerk für Erwachsene, Lehrbuch 1 A. München: Langenscheidt Verlag. S.26.

NEUNER, Gerd u.a. (1987): *Deutsch aktiv Neu*, Lehrbuch 1B. München: Langenscheidt Verlag. S.36.

PEKSIRIN, Hilmi u.a. (1987): *Wir lernen Deutsch I*. Istanbul: Milli Egitim Basimevi. S.54.

PEKSIRIN, Hilmi u.a. (1987): *Wir lernen Deutsch I*. Istanbul: Milli Egitim Basimevi. S.55.

PEKSIRIN, Hilmi u.a. (1970): *Wir lernen Deutsch I*, Lehrerhandbuch. Ankara: Milli Egitim Basimevi. S.74.

SCHÄPERS, Roland u.a. (1972): *Deutsch 2000, Band 1*. München: Max-Hueber-Verlag. S.3.

SCHÄPERS, Roland u.a. (1972): *Deutsch 2000, Band 1*. München: Max-Hueber-Verlag. S.150.

SCHERLING, Theo u.a. (1982): *Deutsch hier*, München: Langenscheidt Verlag. S.62 bzw.S.144.

SCHMIDT, Reiner (1990): *Das Konzept einer Lernergrammatik*. in: GROSS, Harro/FISCHER, Klaus (Hsg.) (1990): *Grammatikarbeit im Deutsch-als-Fremdsprache-Unterricht*. München: Iudicium-Verlag. S.153-54.

9 Das Fernstudienprojekt DIFF – GhK – GI

Nachdem Sie diese Studieneinheit durchgearbeitet haben, möchten Sie vielleicht Ihre Kenntnisse auf dem einen oder anderen Gebiet vertiefen, möchten mehr wissen über konkrete Unterrichtsplanung, über die Schulung von Lesefertigkeiten, über Literatur, ihre Entwicklung und Hintergründe.

Sie haben bereits Hinweise auf andere Fernstudieneinheiten gefunden und sind neugierig geworden? Sie möchten wissen, was das für Studieneinheiten sind, wo Sie sie bekommen und wie Sie sie benutzen können? Zu diesen Fragen möchten wir Ihnen noch einige Informationen geben:

Diese Studieneinheit ist im Rahmen eines Fernstudienprojekts im Bereich DaF/ Germanistik entstanden, das das Deutsche Institut für Fernstudien an der Universität Tübingen (DIFF), die Universität Gesamthochschule Kassel (GhK) und das Goethe-Institut München zusammen durchgeführt haben.

In diesem Projekt werden Fernstudienmaterialien für die fachwissenschaftliche und fachdidaktische Weiterbildung entwickelt.

Folgende Studieneinheiten sind in Vorbereitung (Planungsstand 1994 in Auswahl) bzw. erschienen:

> Projekt

> Themen

Bereich Germanistik

Literaturwissenschaft

* Einführung in die germanistische Literaturwissenschaft (Helmut Schmiedt)
* Literaturgeschichte I (Hartmut Kugler), II (Egon Menz), III (Hans-Otto Horch)
* Einführung in die Analyse erzählender, lyrischer und dramatischer Texte (Helmut Schmiedt)

Linguistik

* Einführung in die germanistische Linguistik (Hans-Otto Spillmann)
* Grammatik des deutschen Satzes (Wilhelm Köller)
* Semantik (Rolf Müller)
* Historische Grammatik (Günther Rohr)
* Textlinguistik (Helga Andresen)
* Pragmalinguistik (Werner Holly)

Bereich Deutsch als Fremdsprache

Methodik/Didaktik Deutsch als Fremdsprache

* Einführung in das Hochschulfach Deutsch als Fremdsprache (Rolf Ehnert/Gert Henrici/Reiner Schmidt/Klaus Vorderwülbecke)
* Methoden des fremdsprachlichen Deutschunterrichts (Gerhard Neuner/Hans Hunfeld), erschienen 8/93
* Zweit- und Fremdsprachenerwerbstheorien (Ernst Apeltauer)
* Testen und Prüfen in der Grundstufe (Hans-Georg Albers/Sibylle Bolton)
* Lesen als Verstehen. Zum Verstehen fremdsprachlicher literarischer Texte und zu ihrer Didaktik (Swantje Ehlers), erschienen 2/92
* Angewandte Linguistik im fremdsprachlichen Deutschunterricht. Eine Einführung (Britta Hufeisen/Gerhard Neuner)

Landeskunde

* Routinen und Rituale in der Alltagskommunikation (Heinz-Helmut Lüger), erschienen 10/93
* Wortschatzarbeit und Bedeutungsvermittlung (Bernd Müller-Jacquier)
* Bilder in der Landeskunde (Dominique Macaire/Wolfram Hosch)
* Kontakte knüpfen (Rainer Wicke)
* Landeskunde und Literaturdidaktik (Monika Bischof/Viola Kessling/Rüdiger Krechel)
* Landeskunde mit der Zeitung (Hans Sölch)

Weitere Titel sind in Planung.

Methodik/Didaktik Deutsch als Fremdsprache

Basispaket

* Fertigkeit Hören (Barbara Dahlhaus), erschienen 3/94
* Fertigkeit Lesen (Gerard Westhoff)
* Fertigkeit Sprechen (Gabriele Neuf-Münkel/Regine Roland)
* Fertigkeit Schreiben (Bernd Kast)
* Probleme der Wortschatzarbeit (Rainer Bohn/Bernd Kast/Bernd Müller-Jacquier)
* Arbeit mit Lehrwerkslektionen (Peter Bimmel/Bernd Kast/Gerhard Neuner)
* Probleme der Leistungsmessung (Sibylle Bolton)

Aufbaupaket

Das Aufbaupaket umfaßt etwa 18 Titel. Fordern Sie bitte den Sonderprospekt an.

An wen wenden sich die Studieneinheiten?

- Lehrende im Bereich Deutsch als Fremdsprache im Ausland und in Deutschland
- Germanist(en)innen an ausländischen Hochschulen
- Studierende im Bereich Germanistik und Deutsch als Fremdsprache
- Aus- und Fortbilder/innen im Bereich Deutsch als Fremdsprache.

Wozu können Sie die Studieneinheiten verwenden?

Je nachdem, ob Sie als Deutschlehrer, Hochschuldozent oder Fortbilder arbeiten oder DaF/Germanistik studieren, können Sie entsprechend Ihren Interessen die Studieneinheiten benutzen, um
- sich persönlich fortzubilden,
- Ihren Unterricht zu planen und durchzuführen,
- sich auf ein Studium in Deutschland vorzubereiten,
- sich auf eine Weiterqualifikation im Bereich DaF (z. B. Erwerb des Hochschulzertifikats DaF an der GhK) vorzubereiten (Die GhK bietet die Möglichkeit, bis zu 50% des zweisemestrigen Ergänzungsstudiums DaF auf dem Wege des Fernstudiums anerkannt zu bekommen),
- ein Weiterbildungszertifikat im Bereich Deutsch als Fremdsprache zu erwerben.

(Die GhK bietet in der Bundesrepublik Deutschland einen Fernstudienkurs *Fremdsprachlicher Deutschunterricht in Theorie und Praxis* an, der mit einem Zertifikat abgeschlossen wird. Im Ausland werden die GhK und das GI gemeinsam mit ausländischen Partnerinstitutionen entsprechende Fernstudienkurse anbieten, die mit einem gemeinsamen Zertifikat der drei Partnerinstitutionen abschließen.)

Wie können Sie die Studieneinheiten verwenden?

- Im Selbststudium können Sie sie durcharbeiten, die Aufgaben lösen und mit dem Lösungsschlüssel vergleichen.
- In zahlreichen Ländern werden Aus- und Fortbildungsgänge angeboten, in denen die Studieneinheiten in Fernstudienkursen oder Seminarveranstaltungen ganz oder in Auszügen eingesetzt werden.
- Als Aus- und Fortbilder können Sie sie als Steinbruch oder kurstragendes Material für Ihre Veranstaltungen verwenden.

Weitere Informationen erhalten Sie bei:

Deutsches Institut für Fernstudienforschung
an der Universität Tübingen
Postfach 15 69
72072 Tübingen

Universität Gesamthochschule Kassel
FB 9 (Prof. Dr. Gerhard Neuner)
Postfach 10 13 80
34127 Kassel

Goethe-Institut München
Referat 41 FSP
Helene-Weber-Allee 1
80637 München

Adressaten

Konzeption/Ziele

Arbeitsformen